ESTE LIBRO PERTENECE A

....

....

....

.....

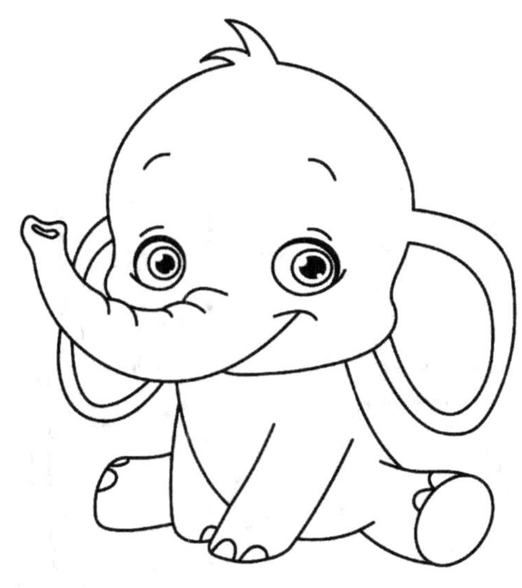

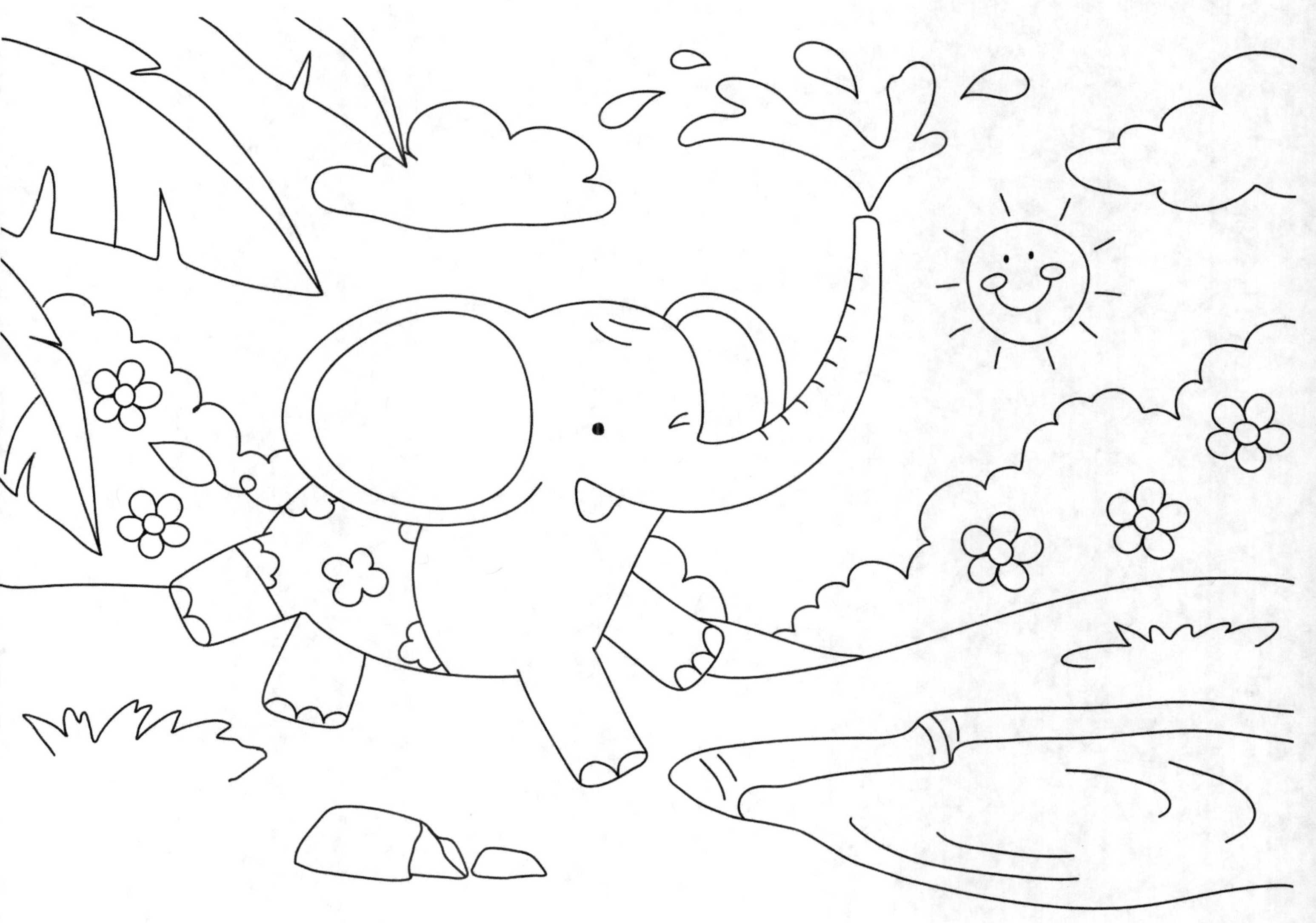

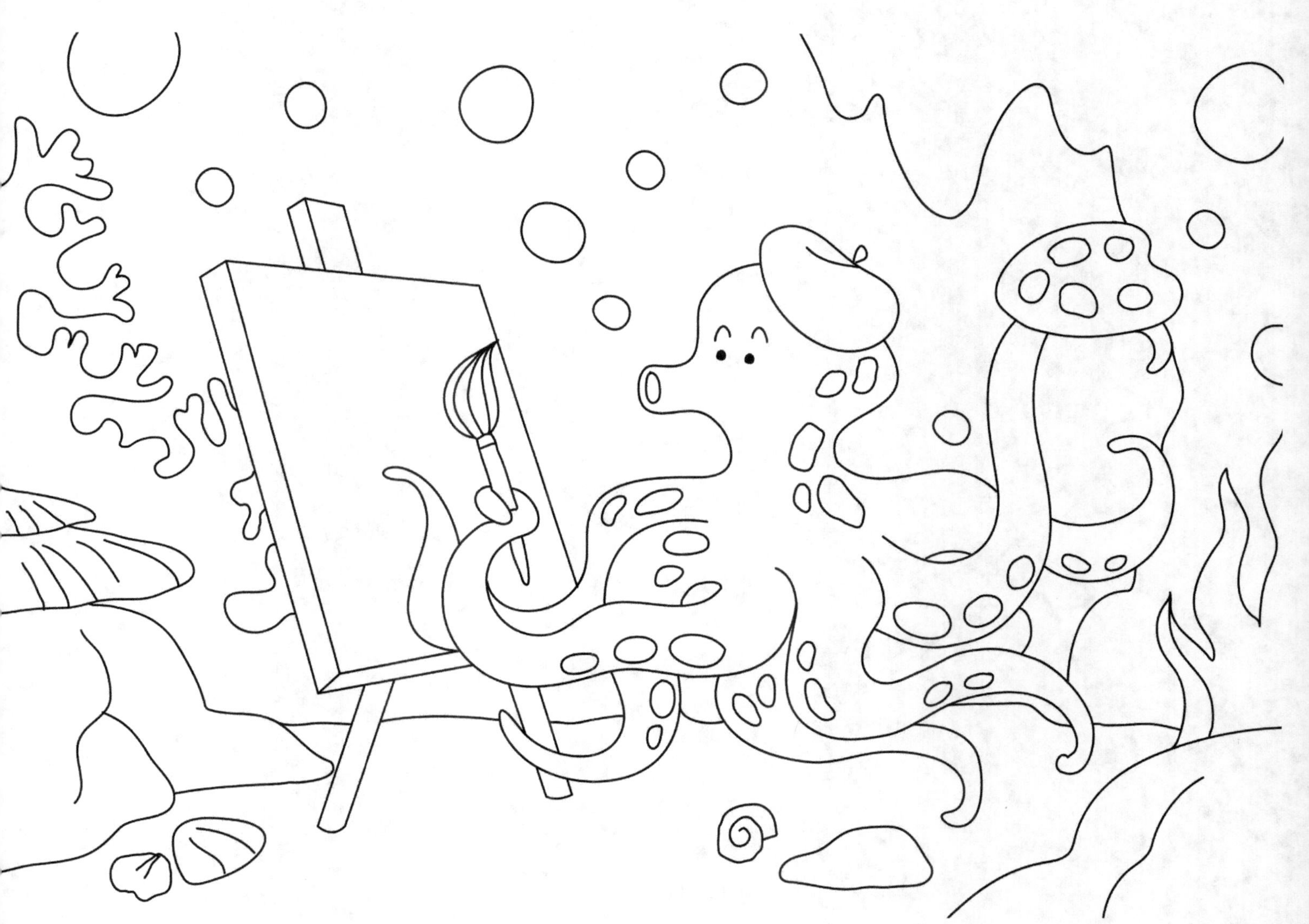

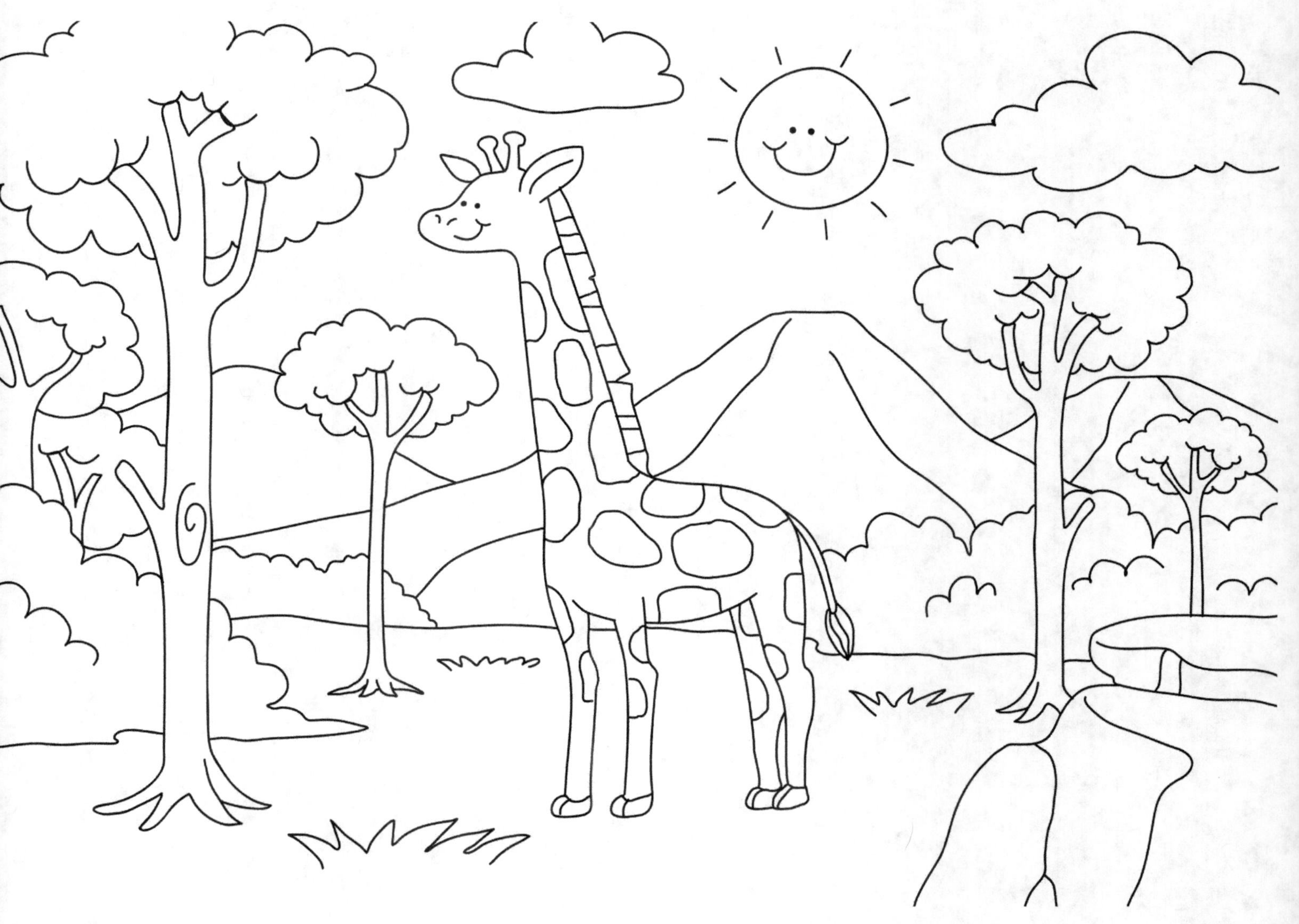

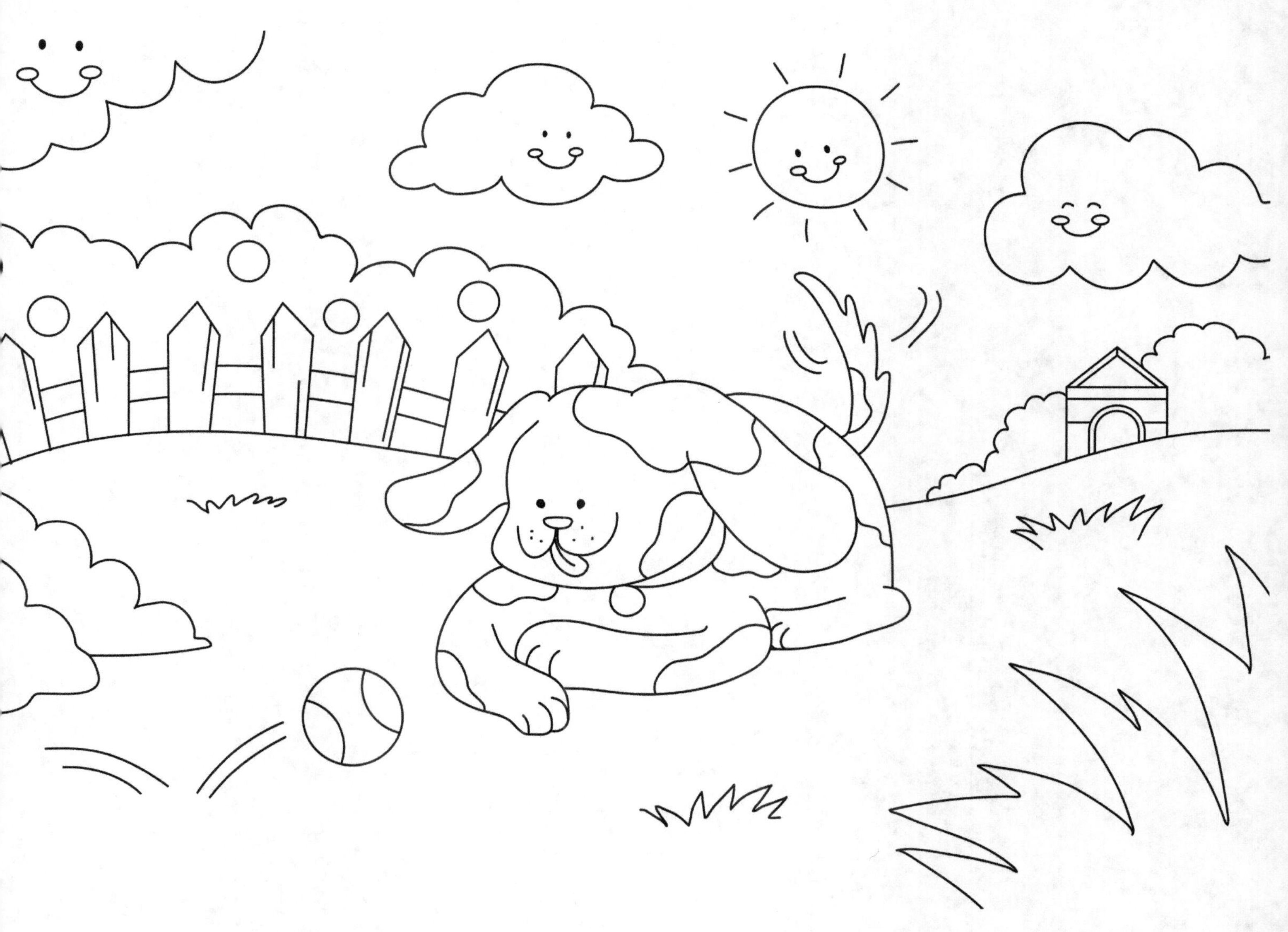

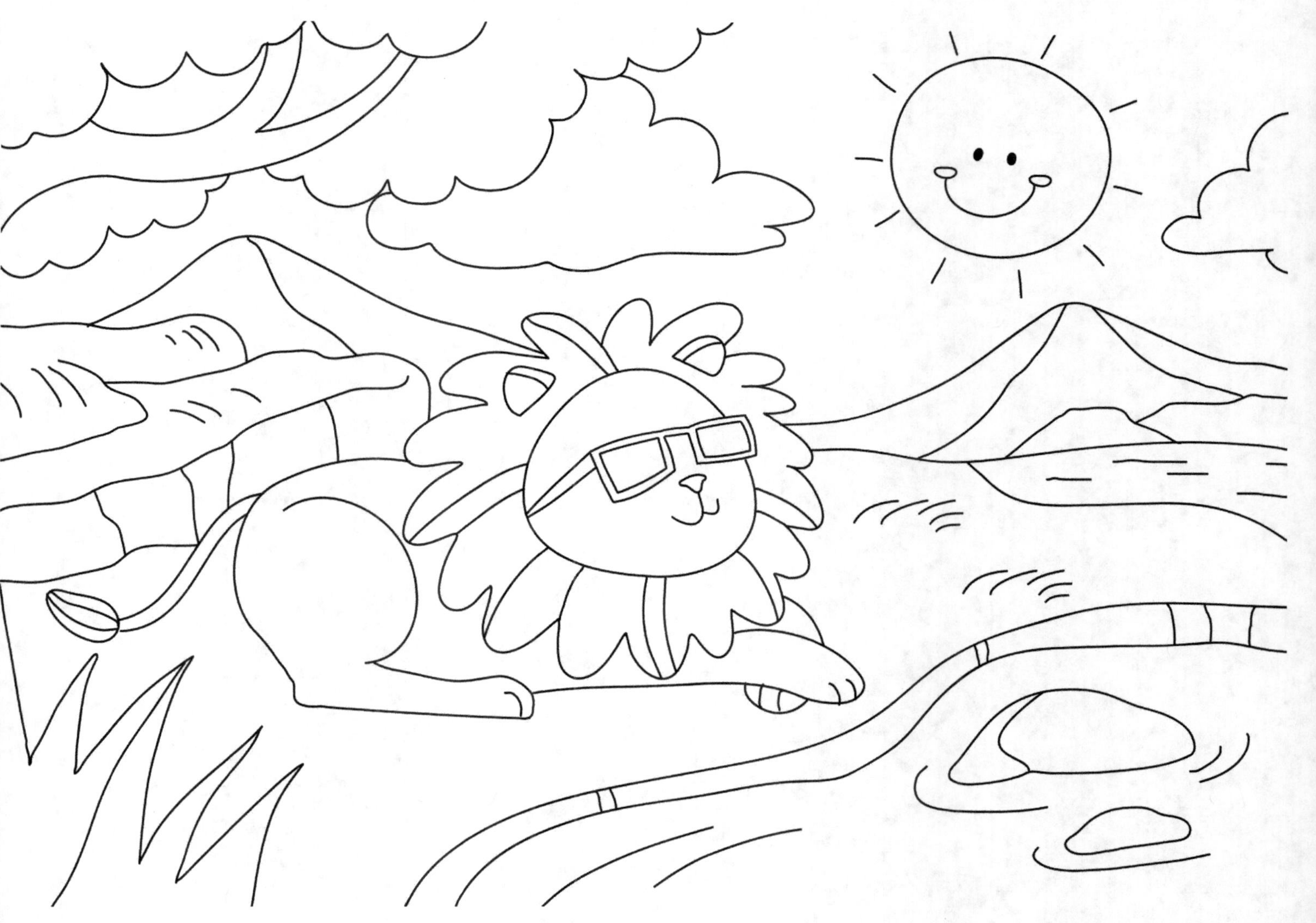

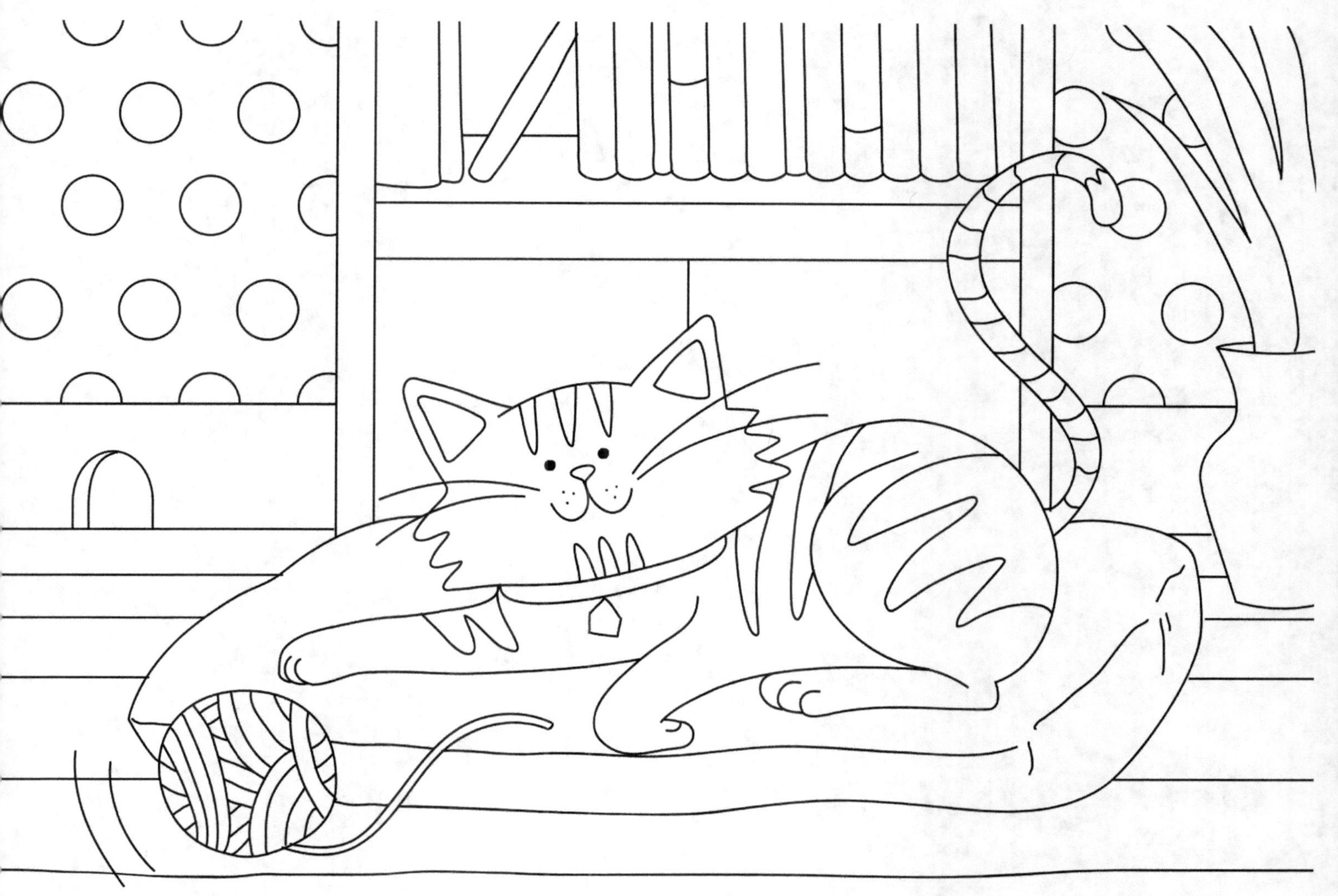

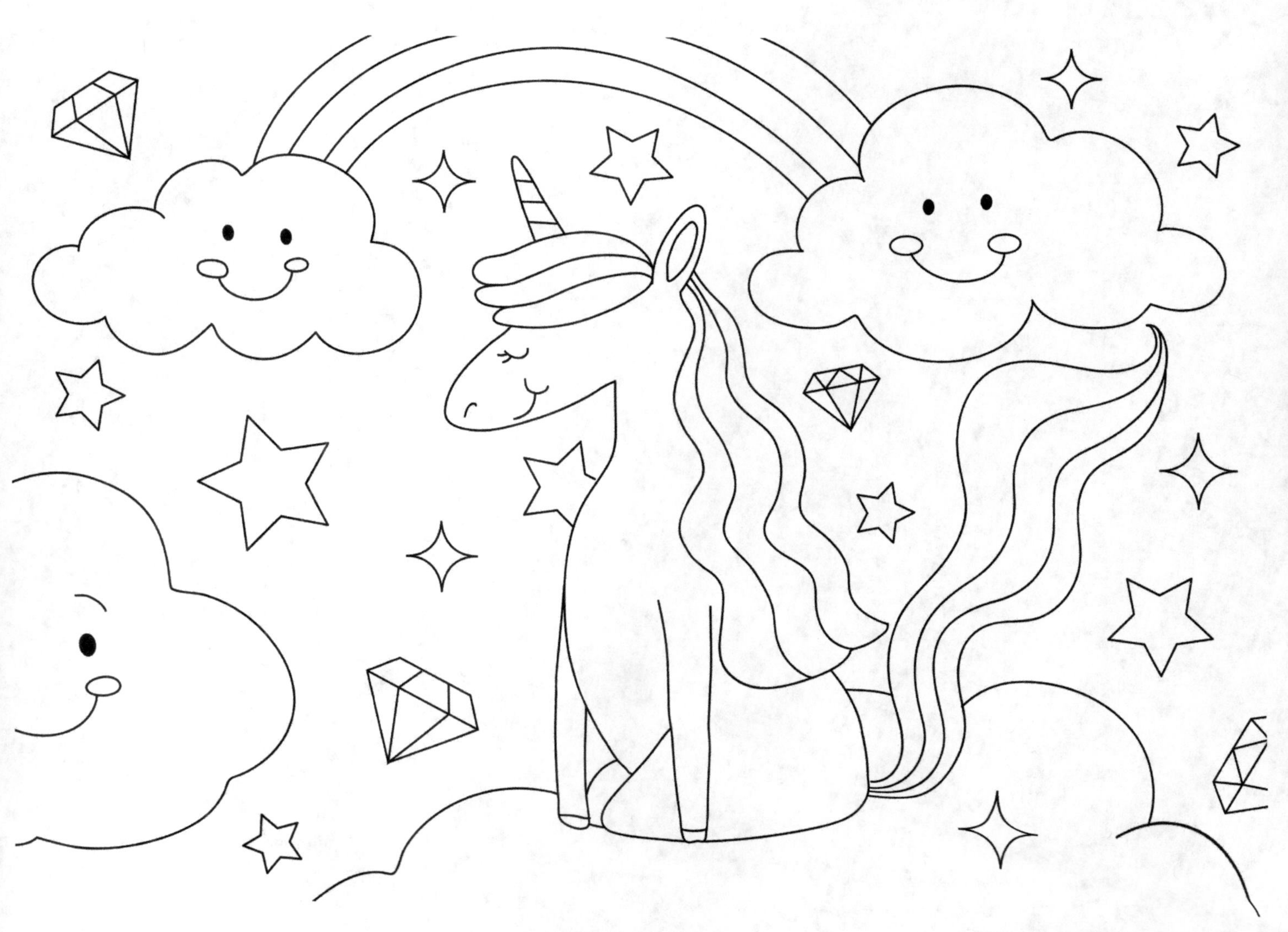

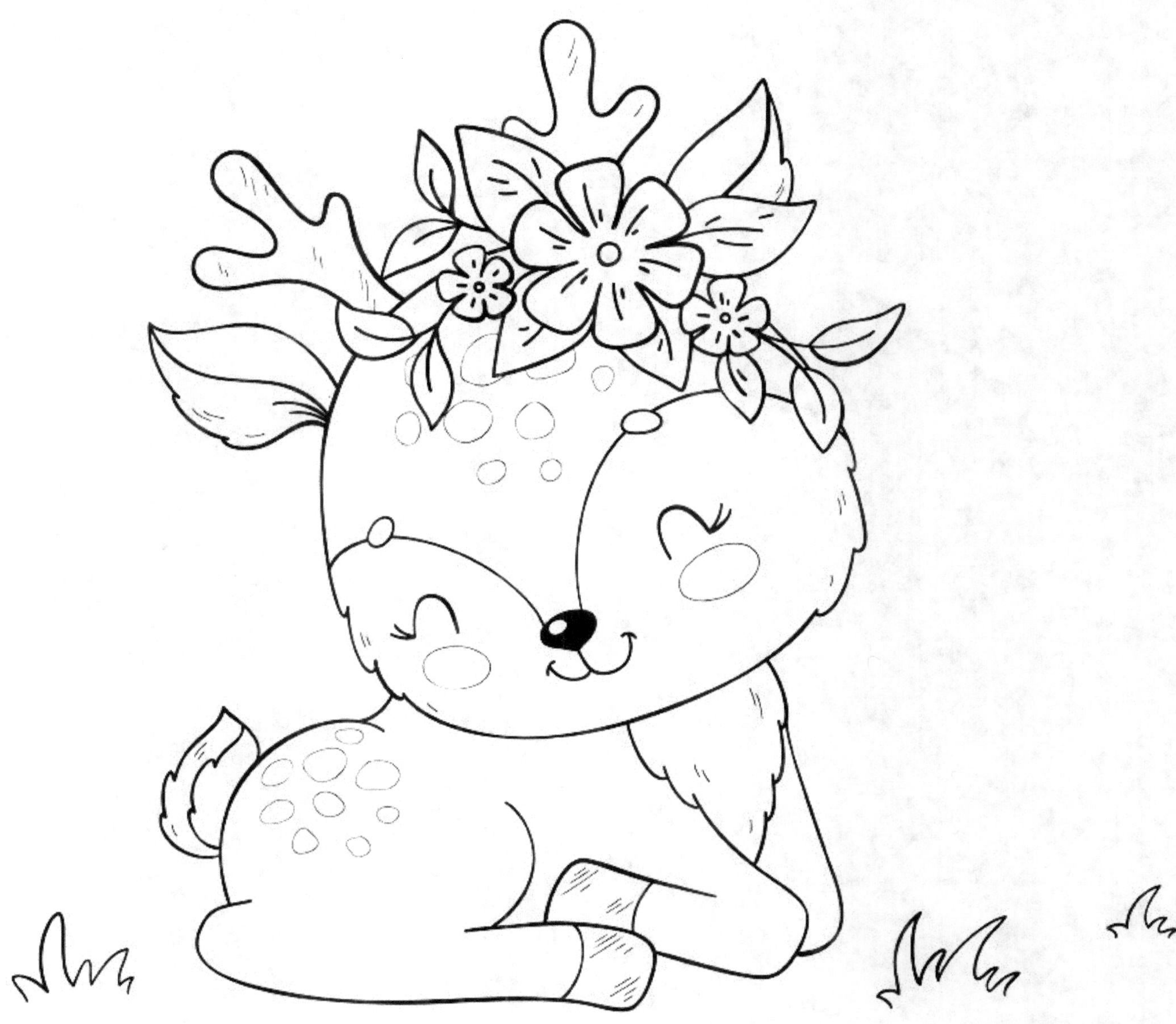

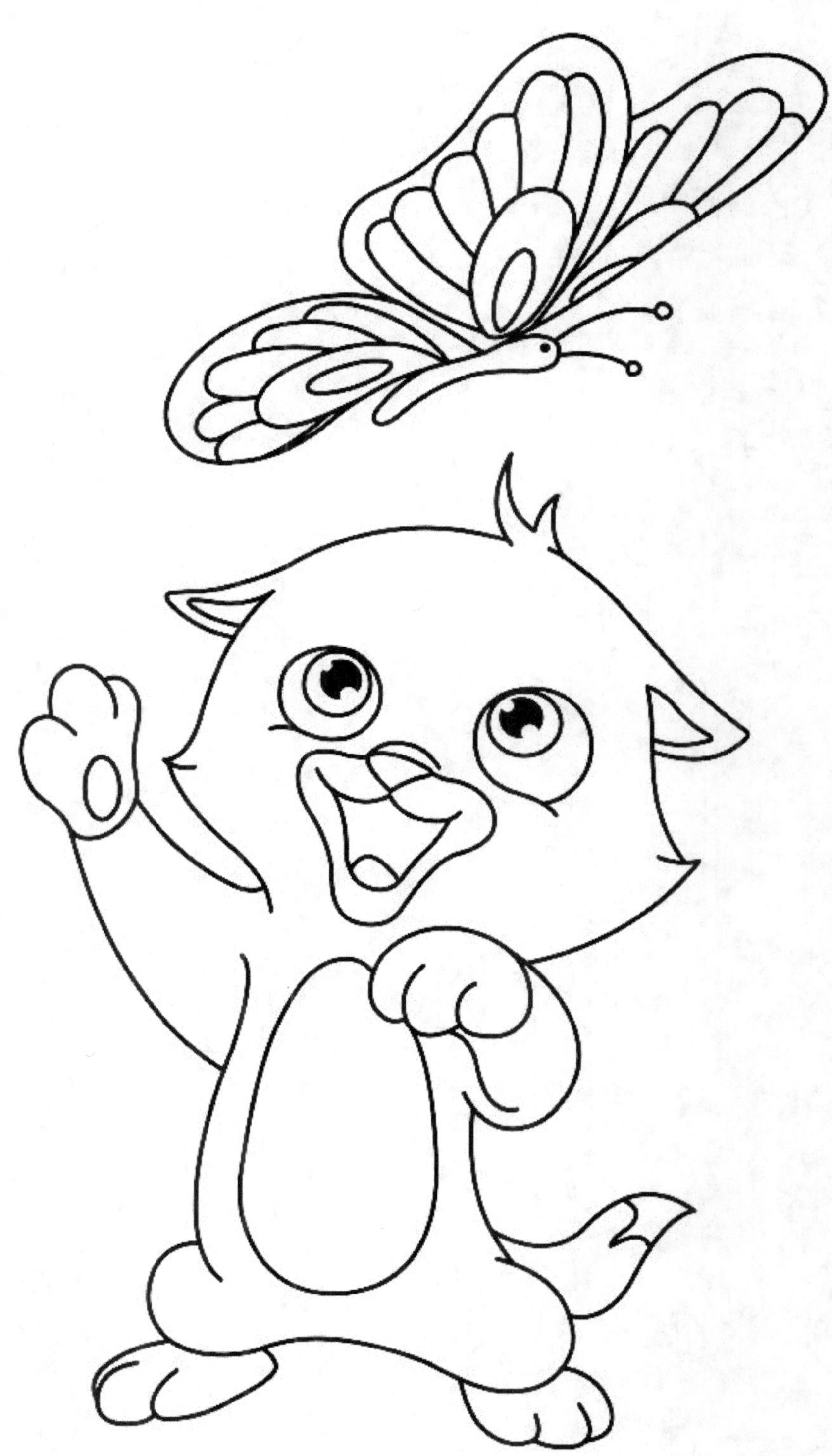

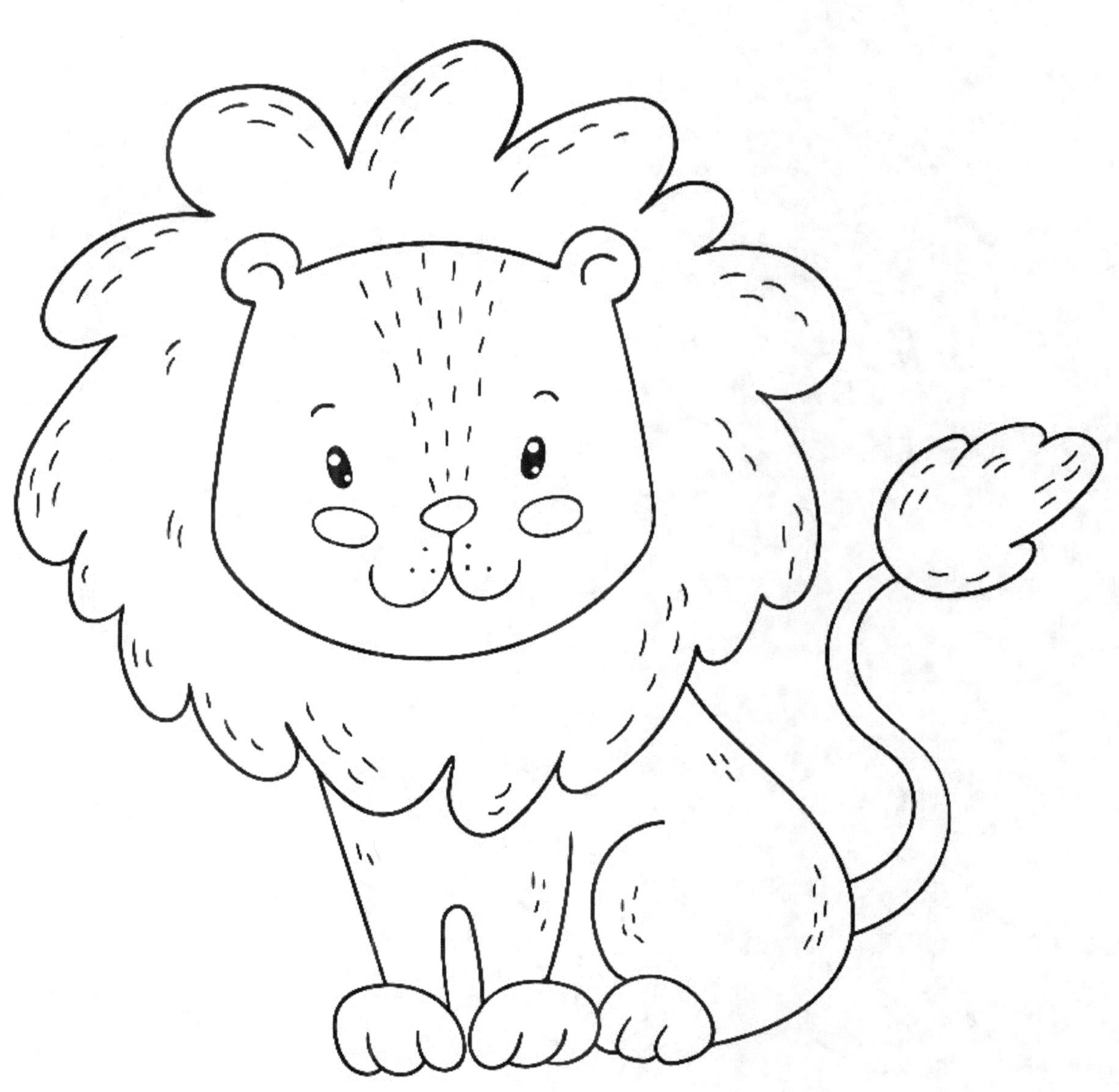

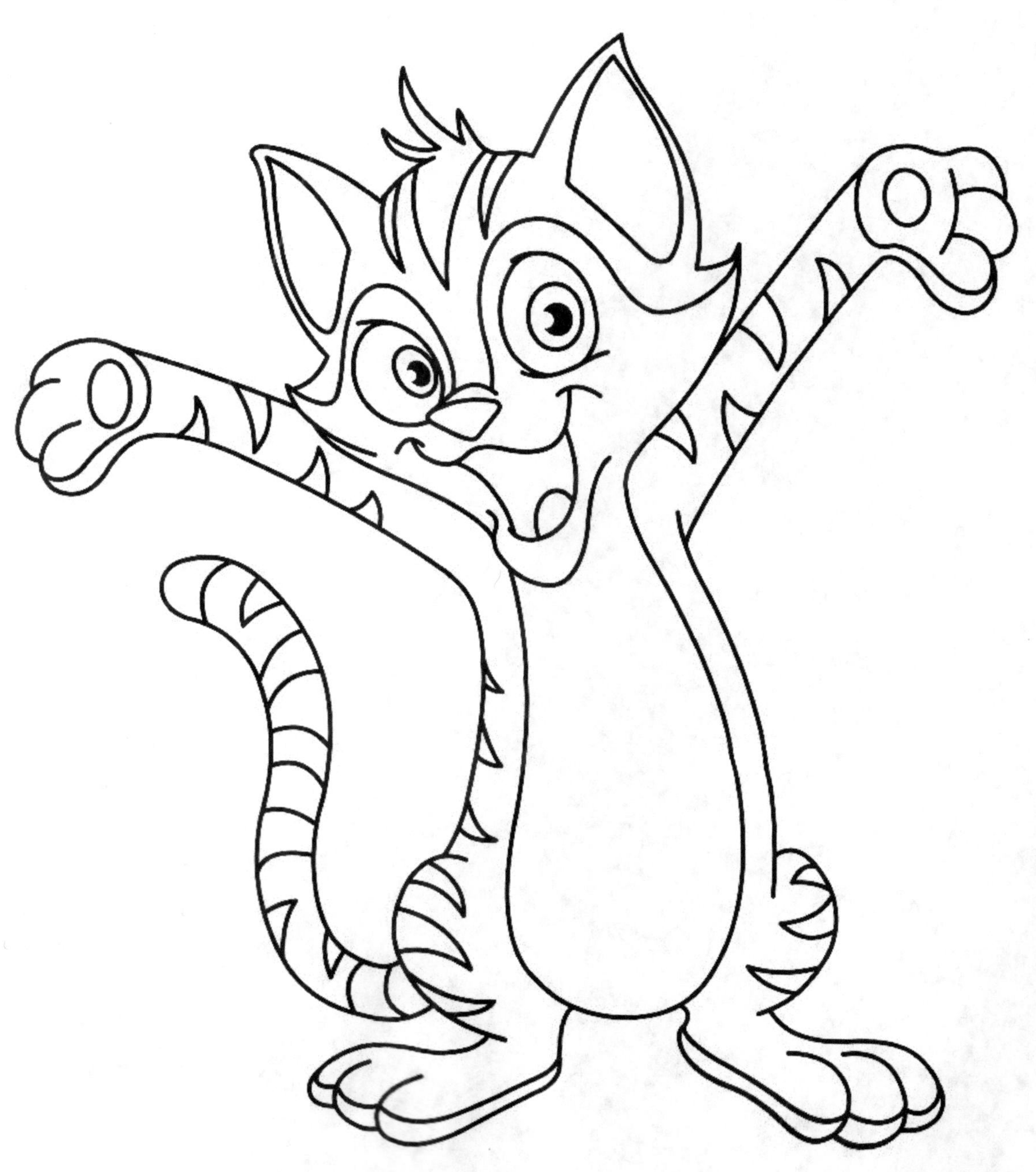

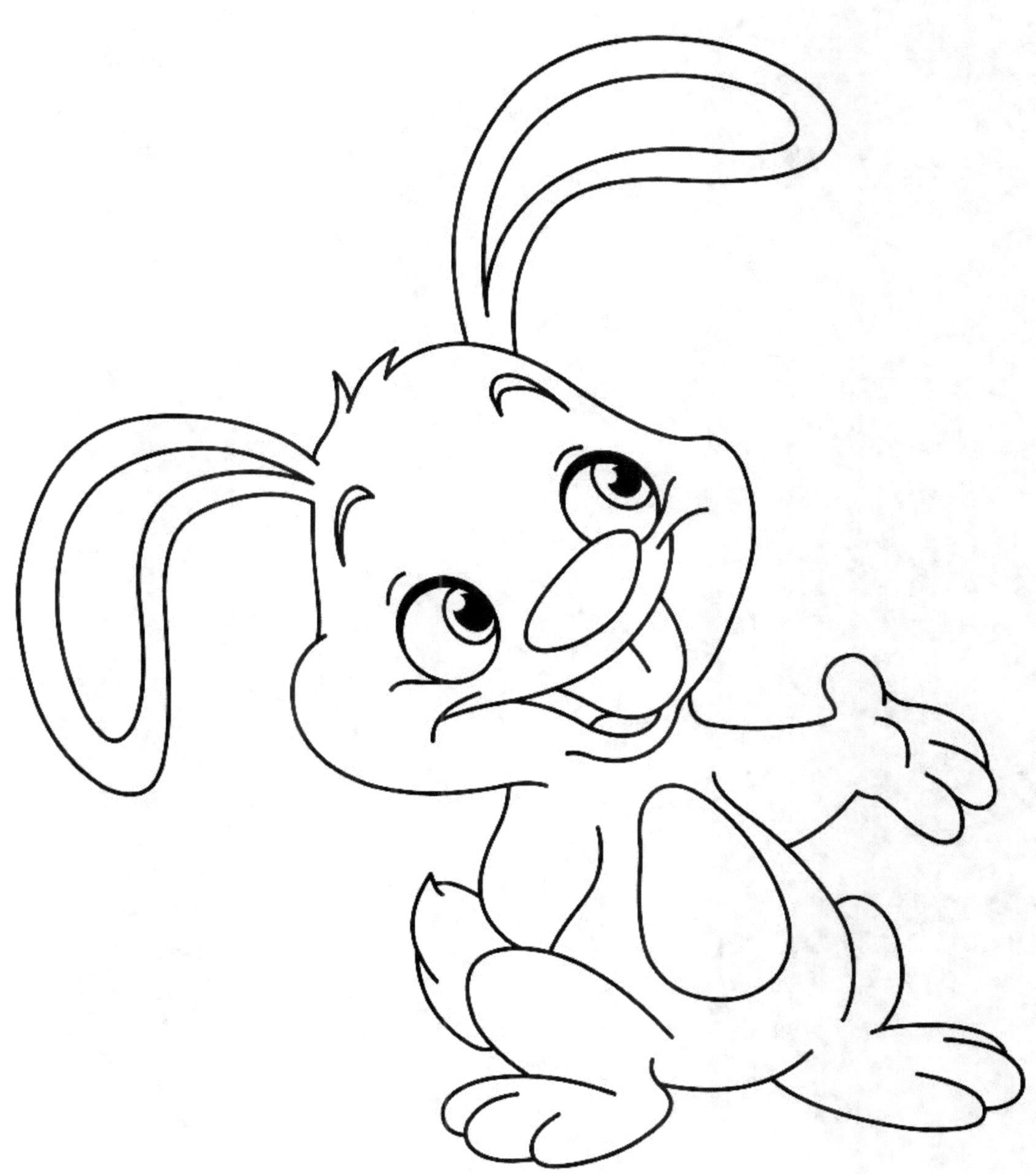

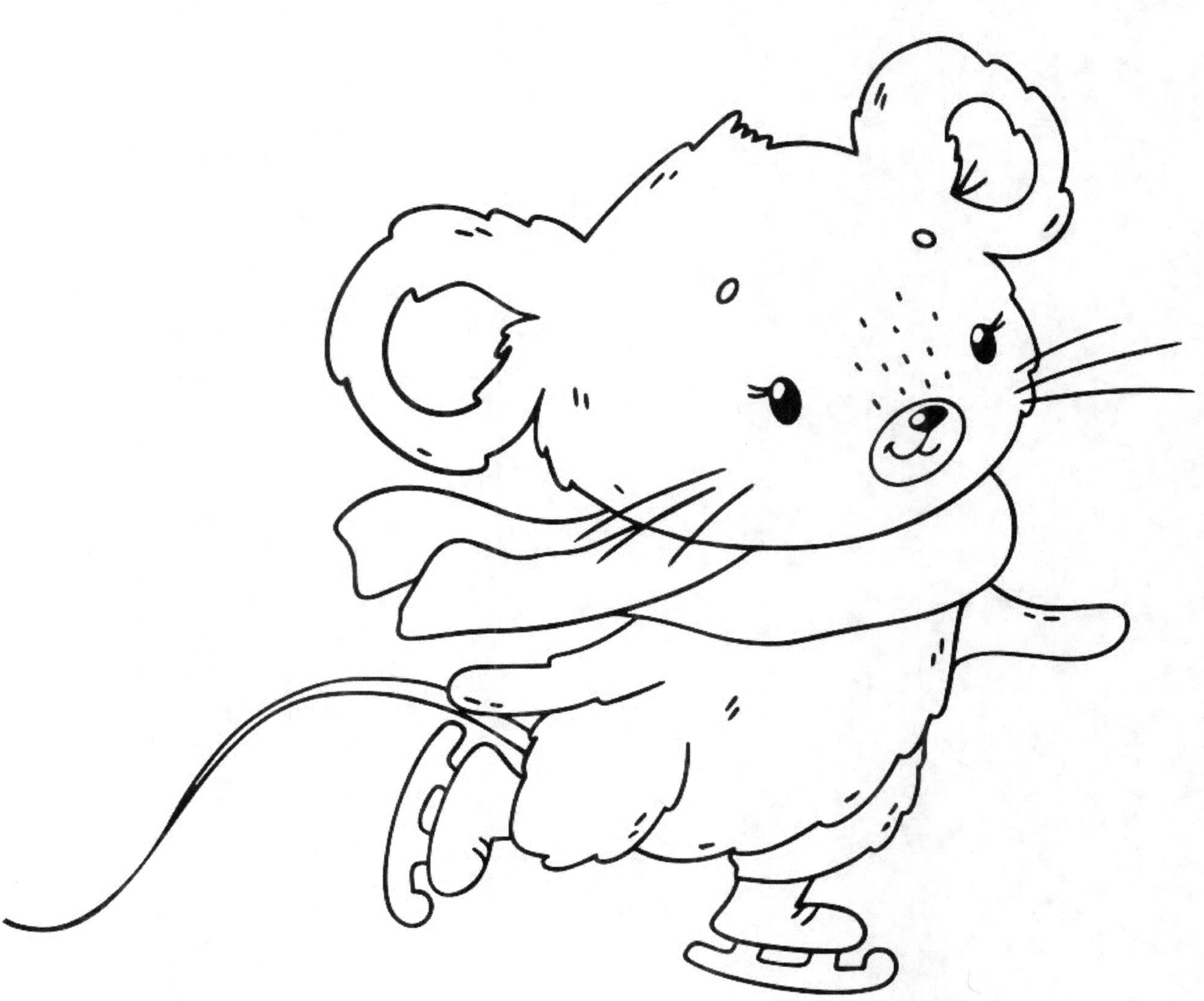

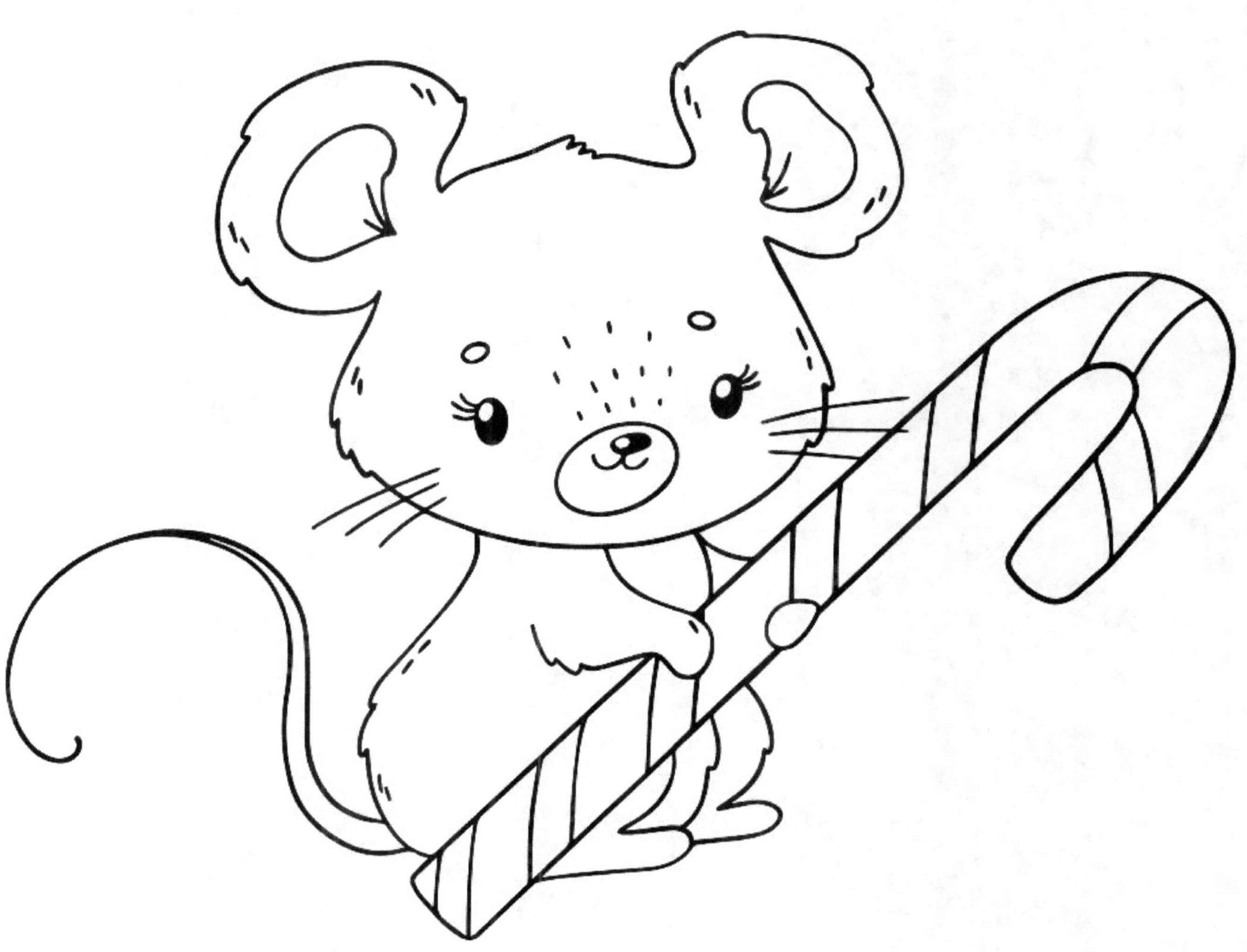

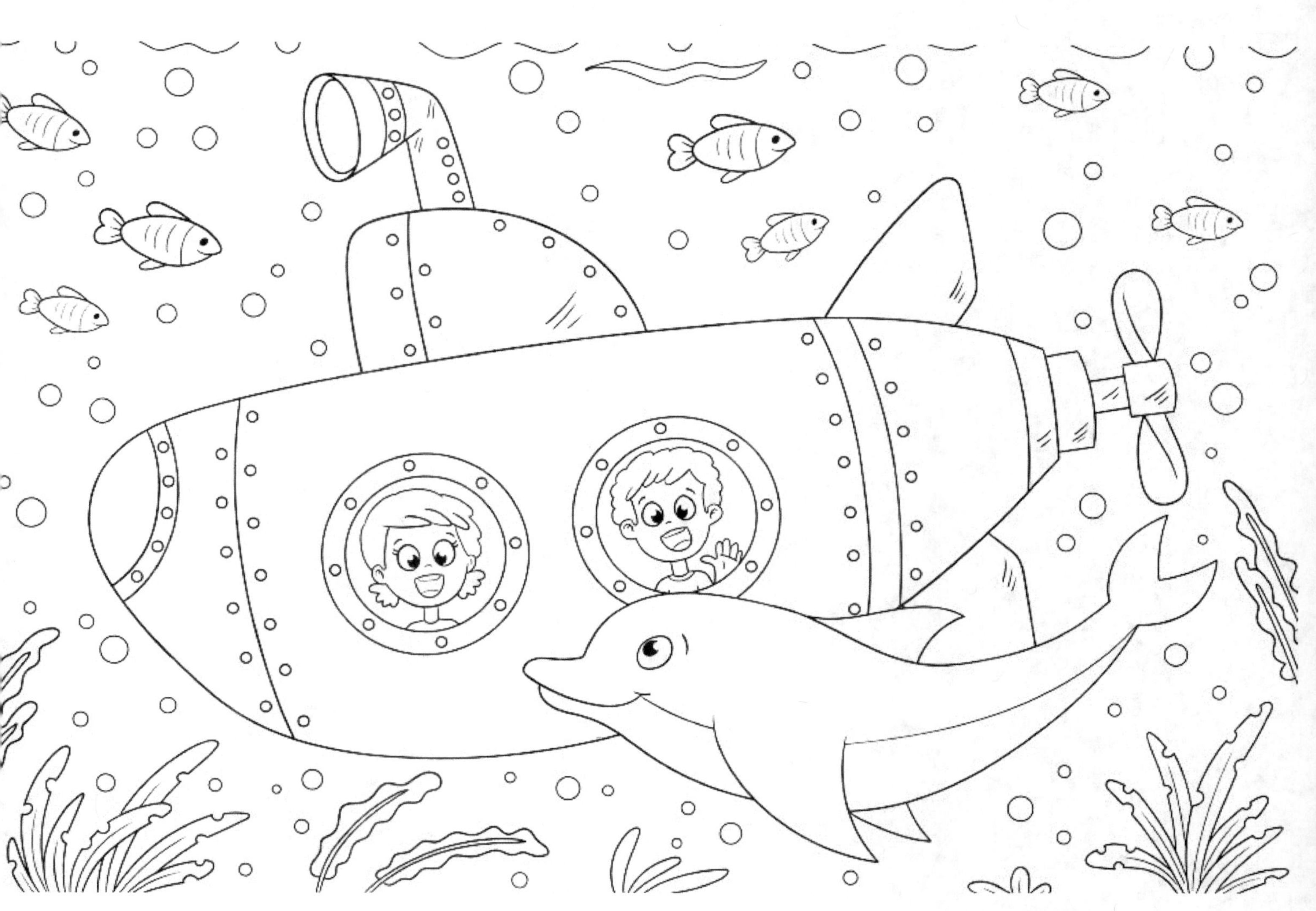

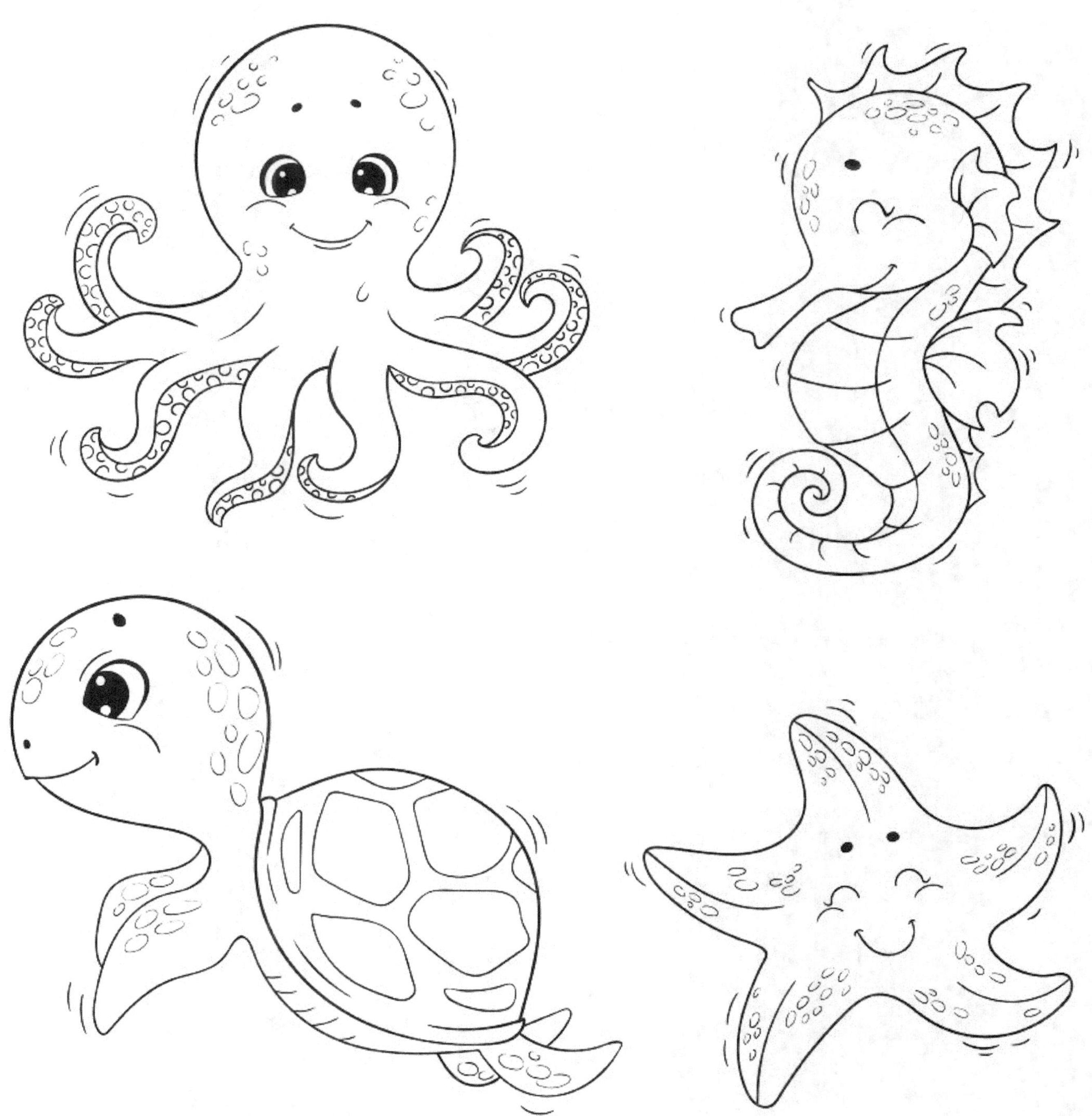

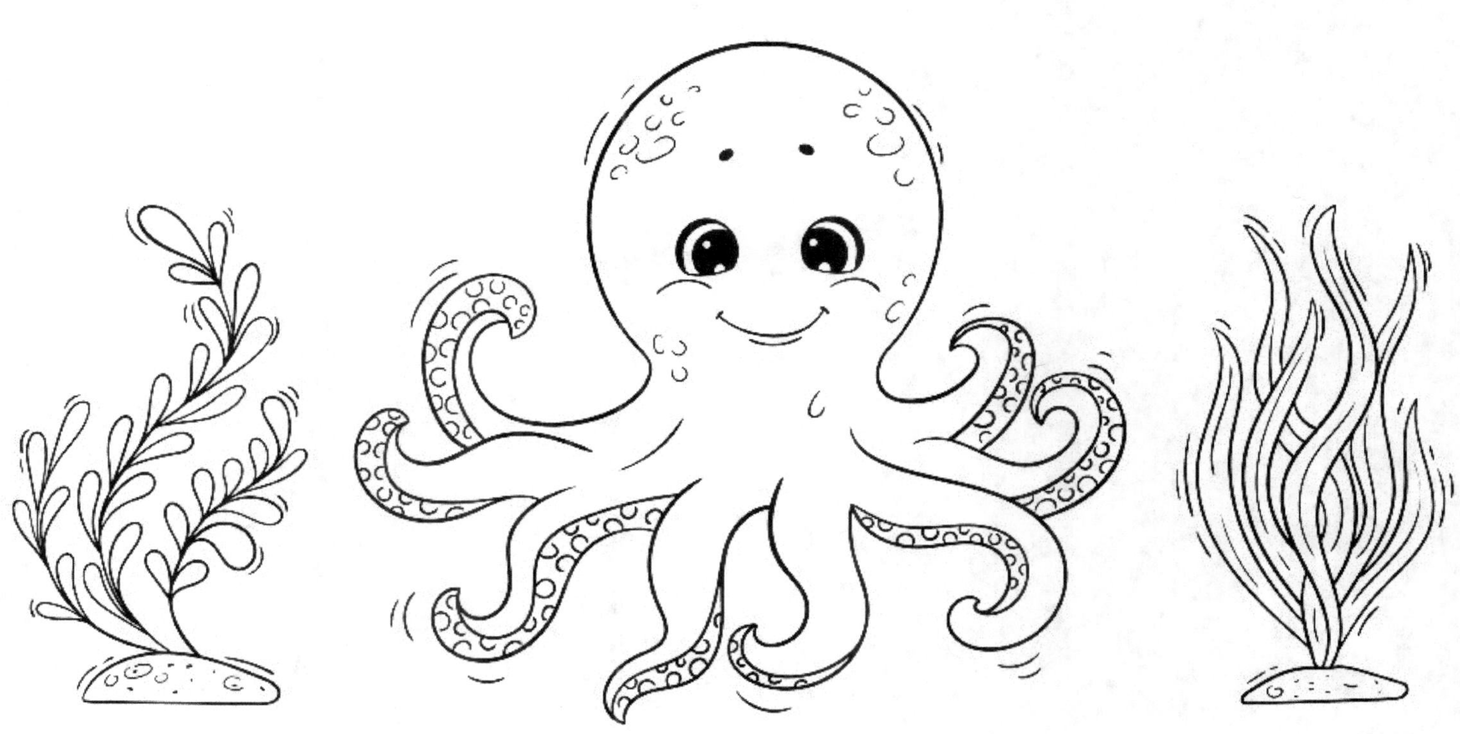

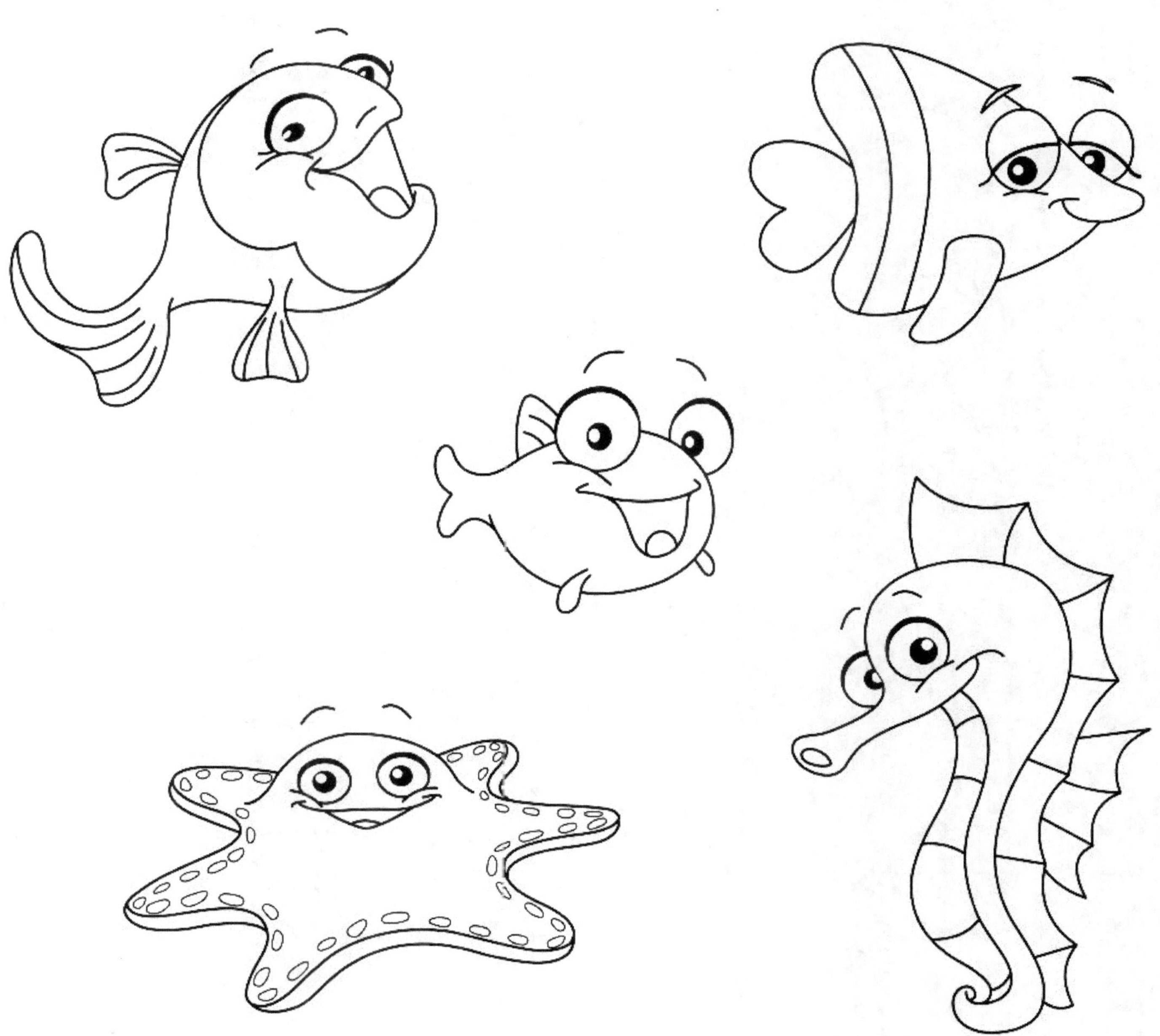

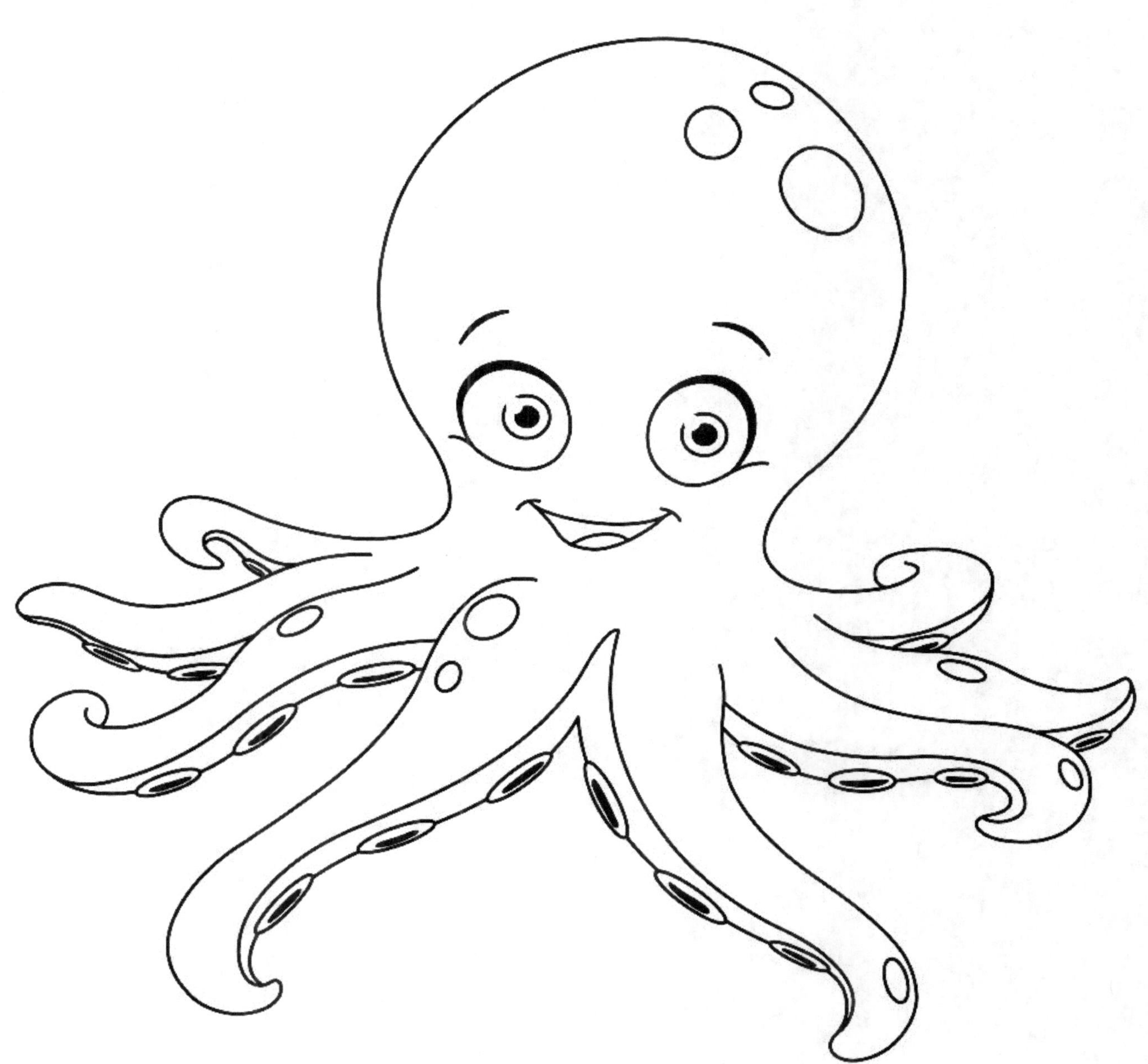

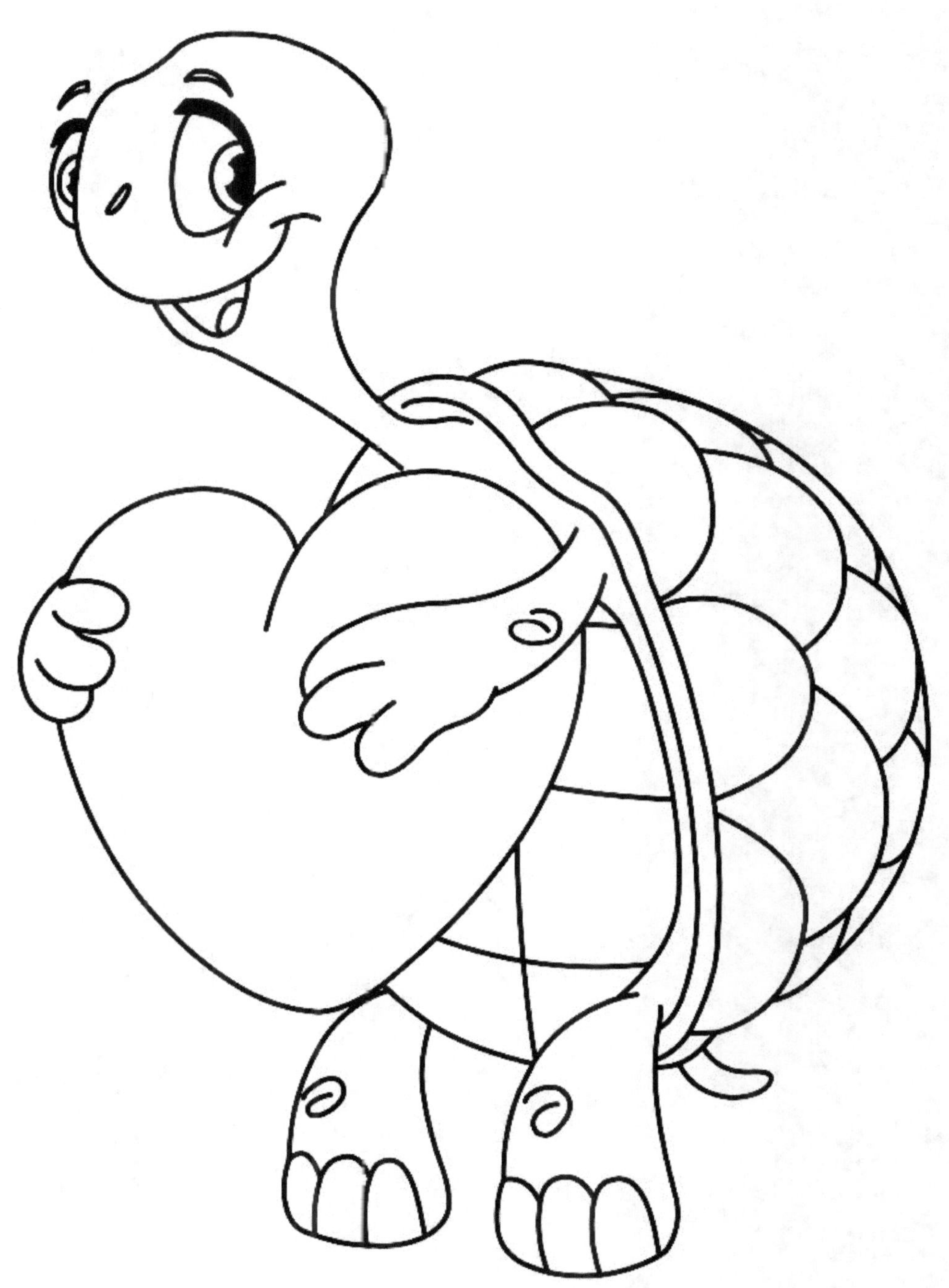

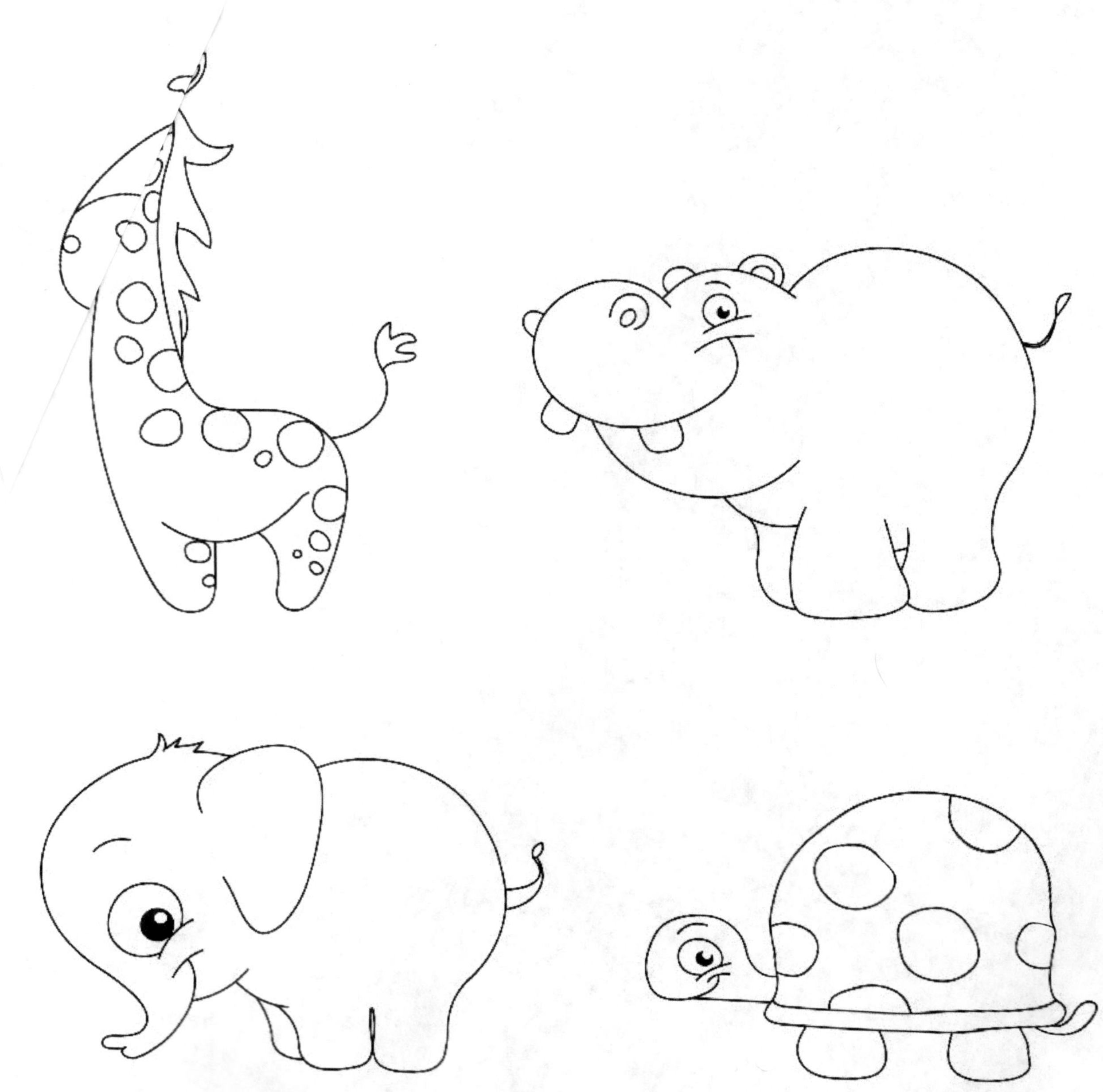

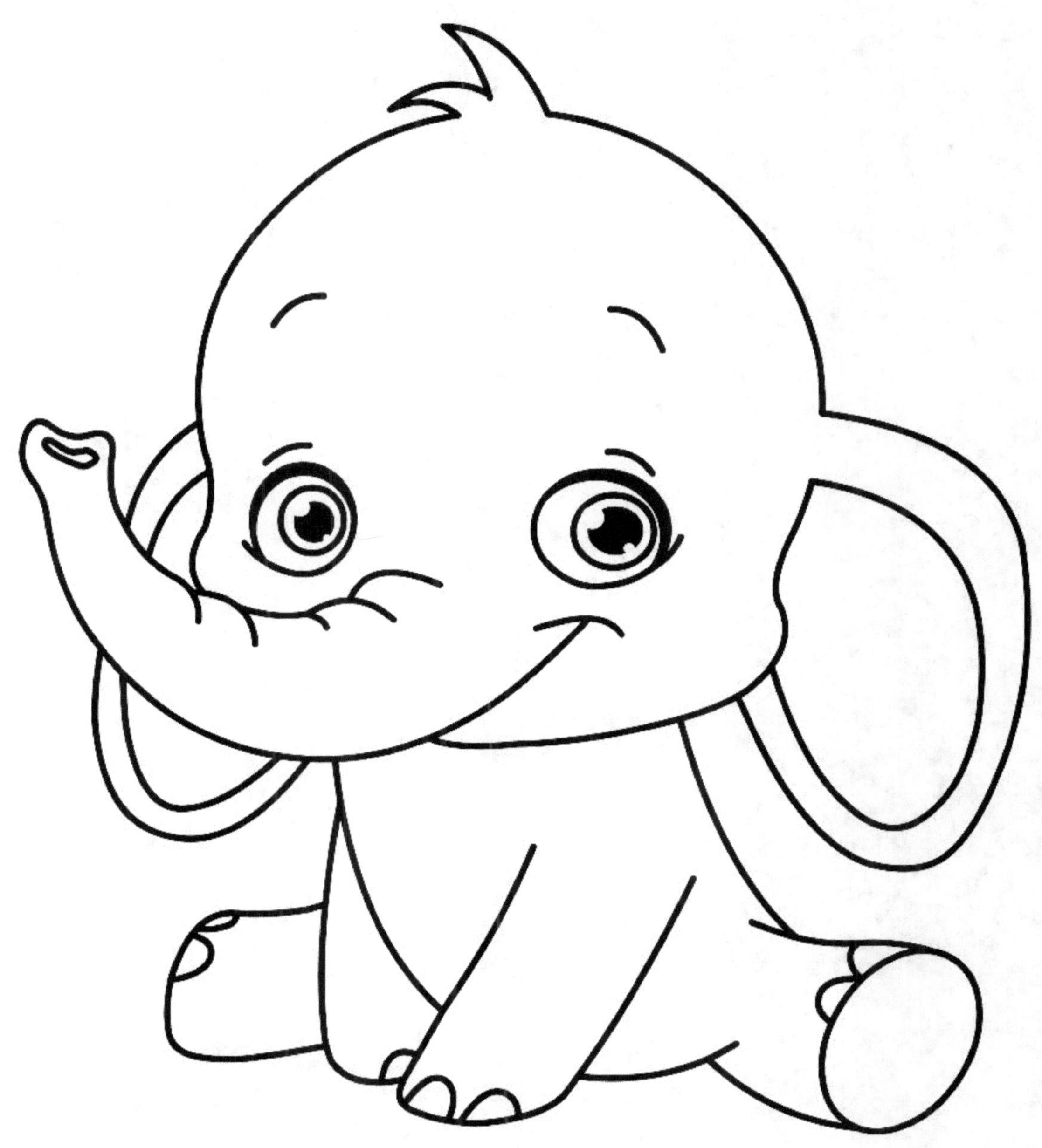

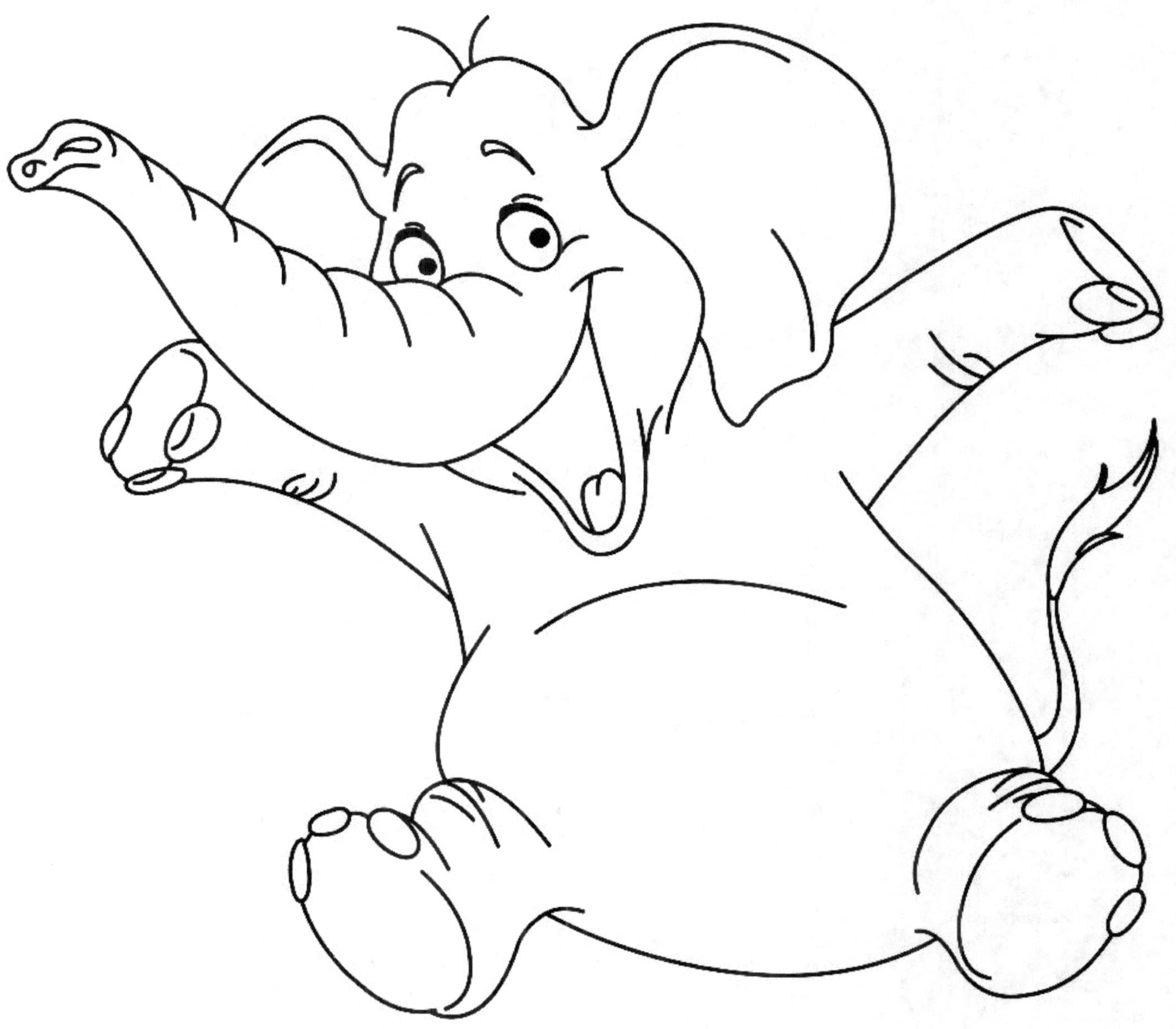

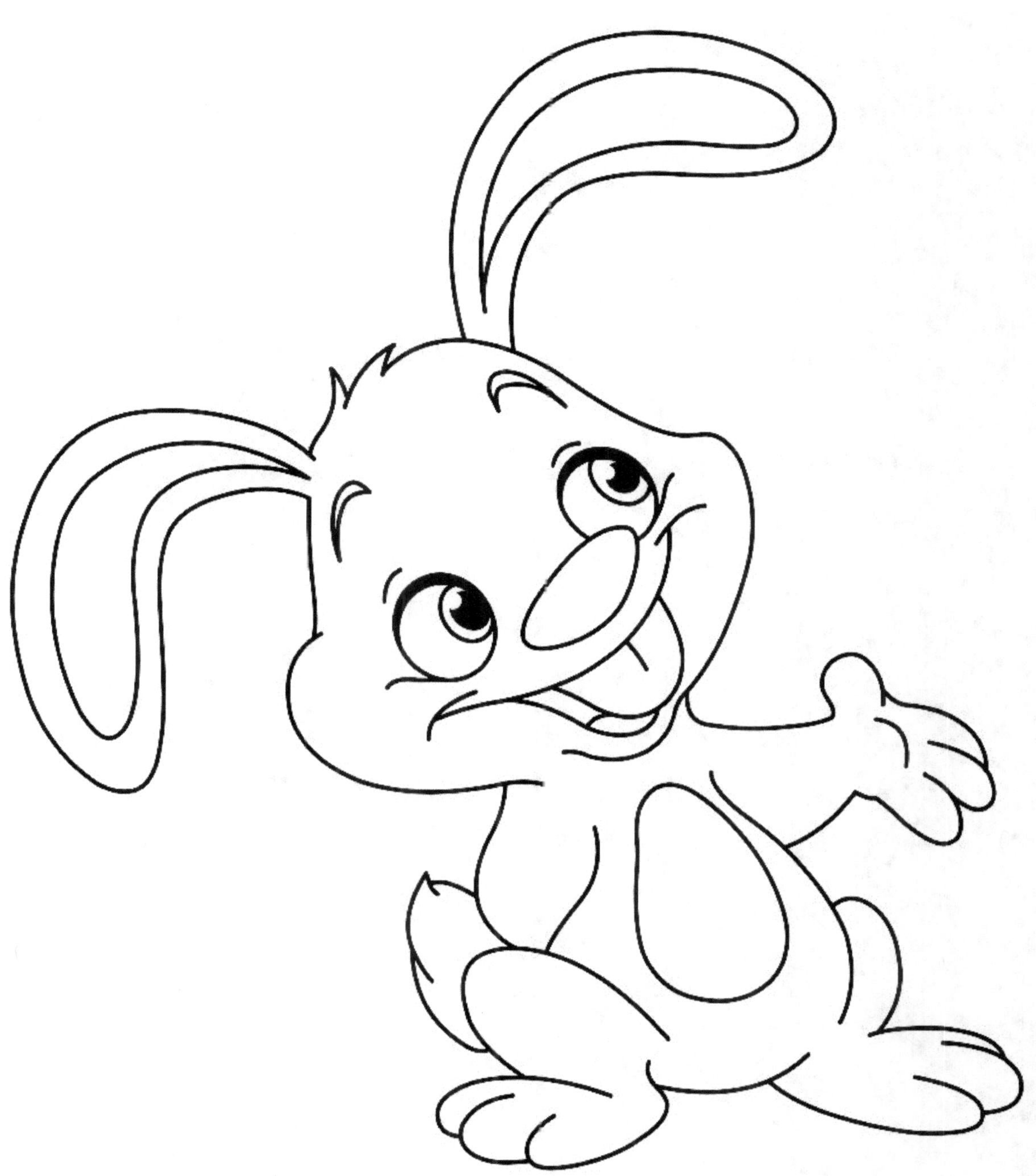

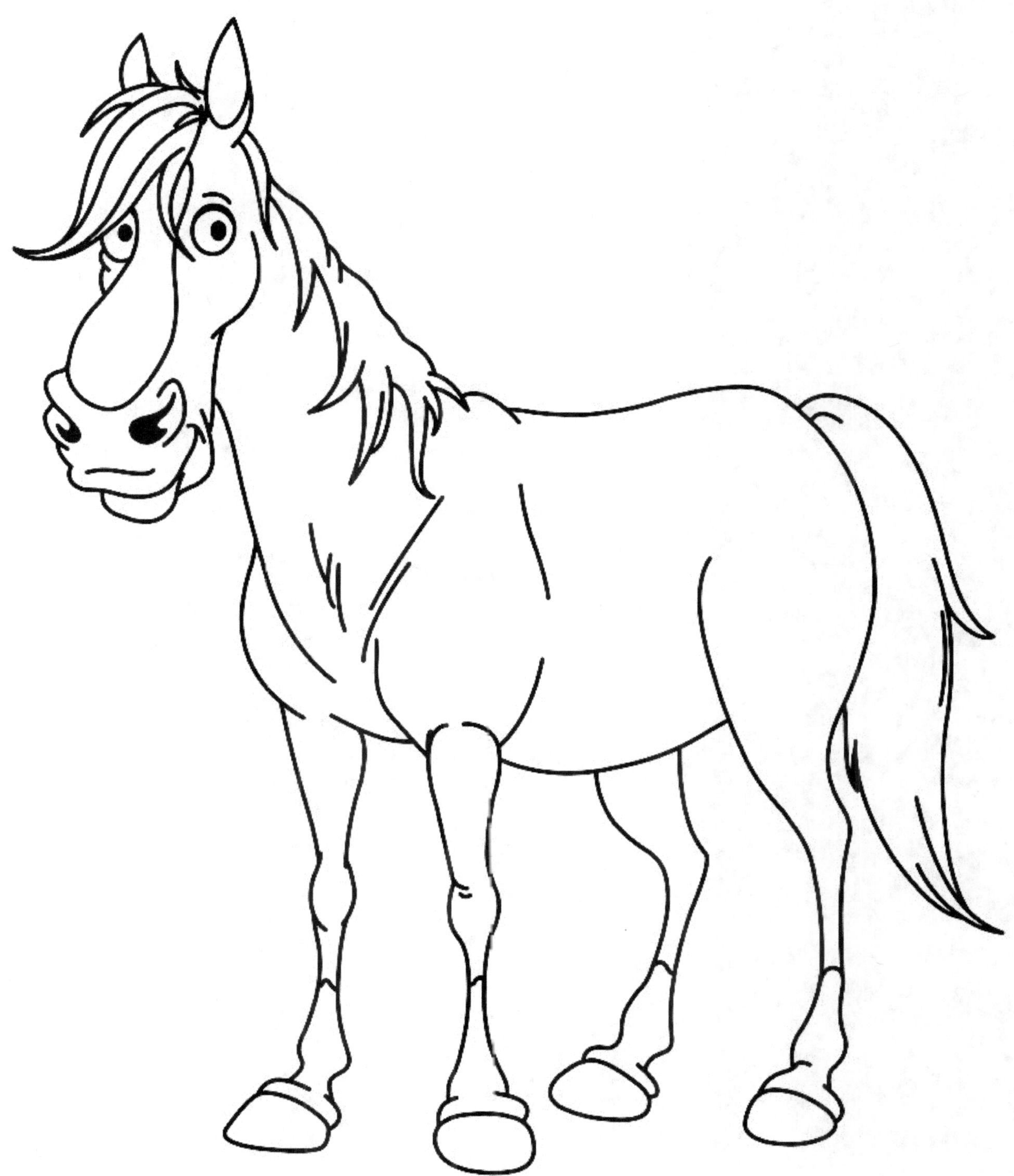

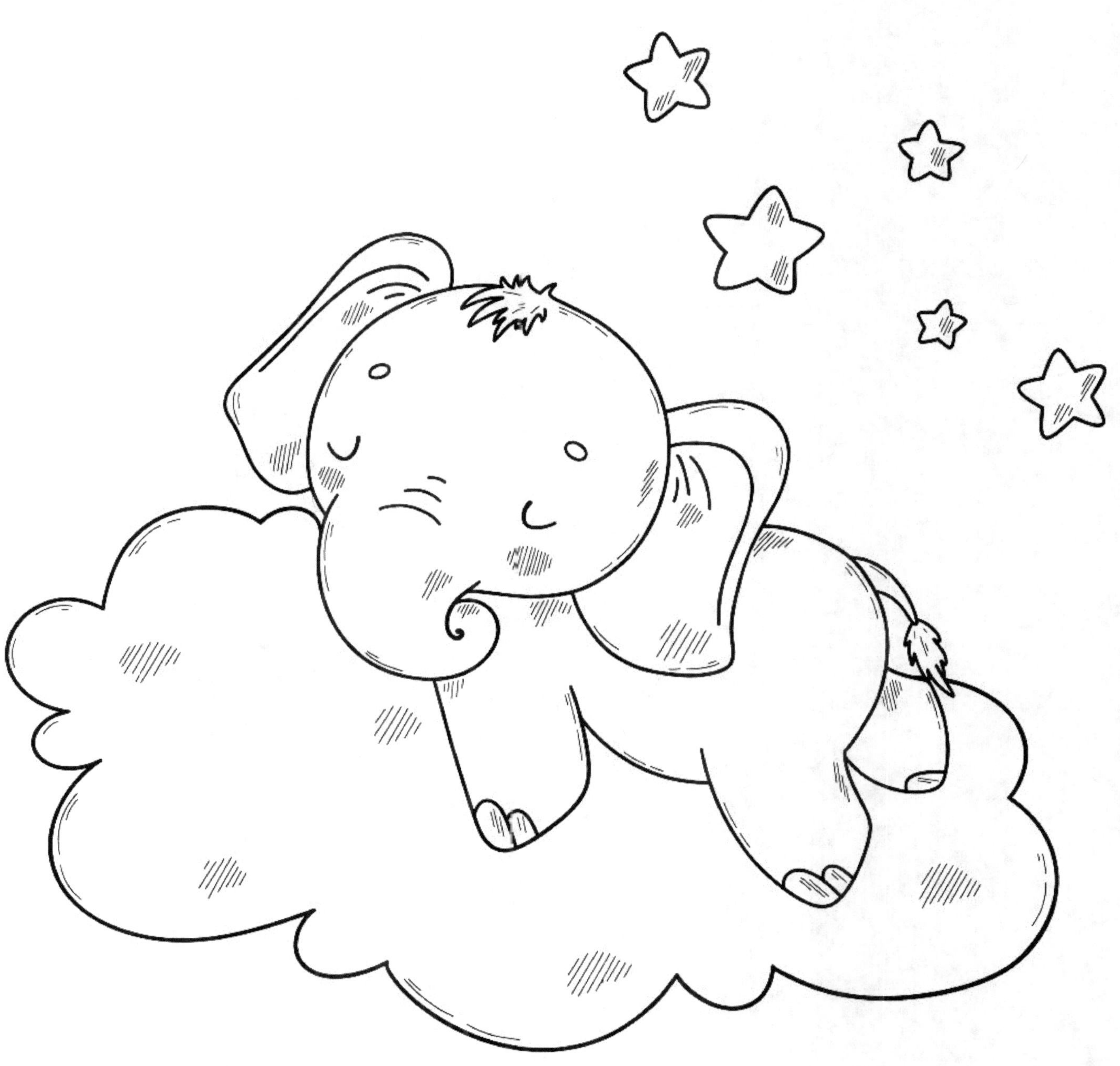

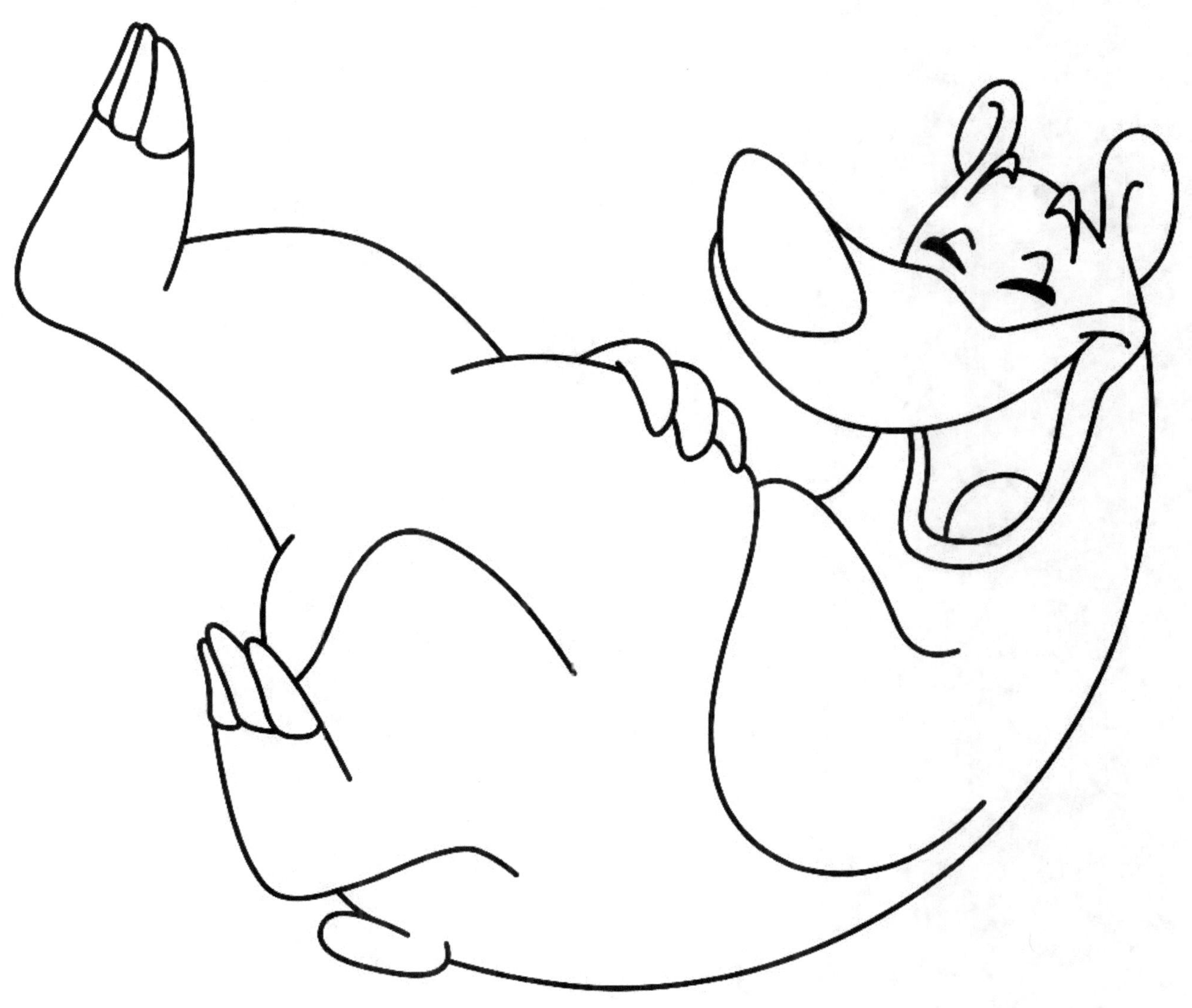

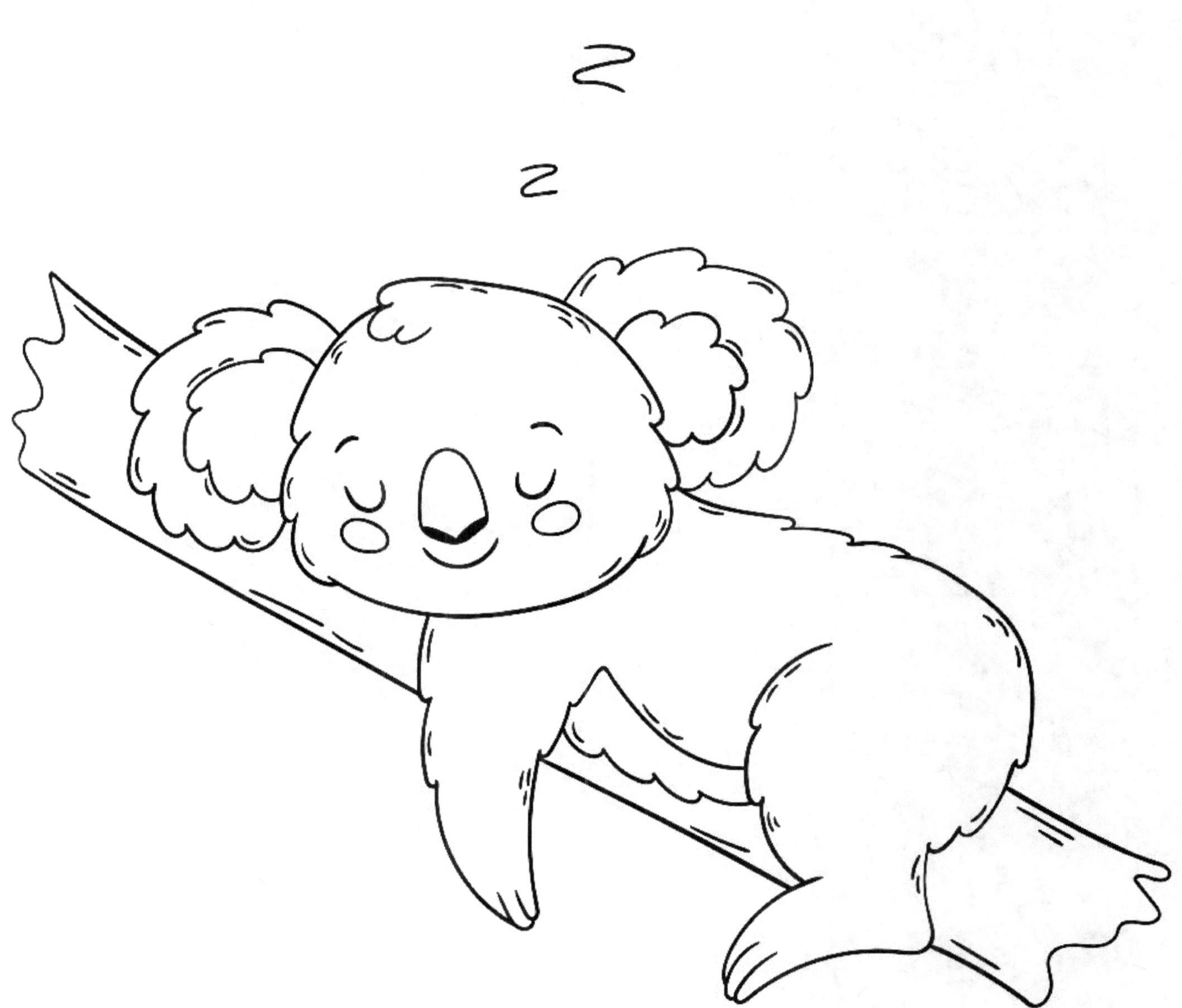

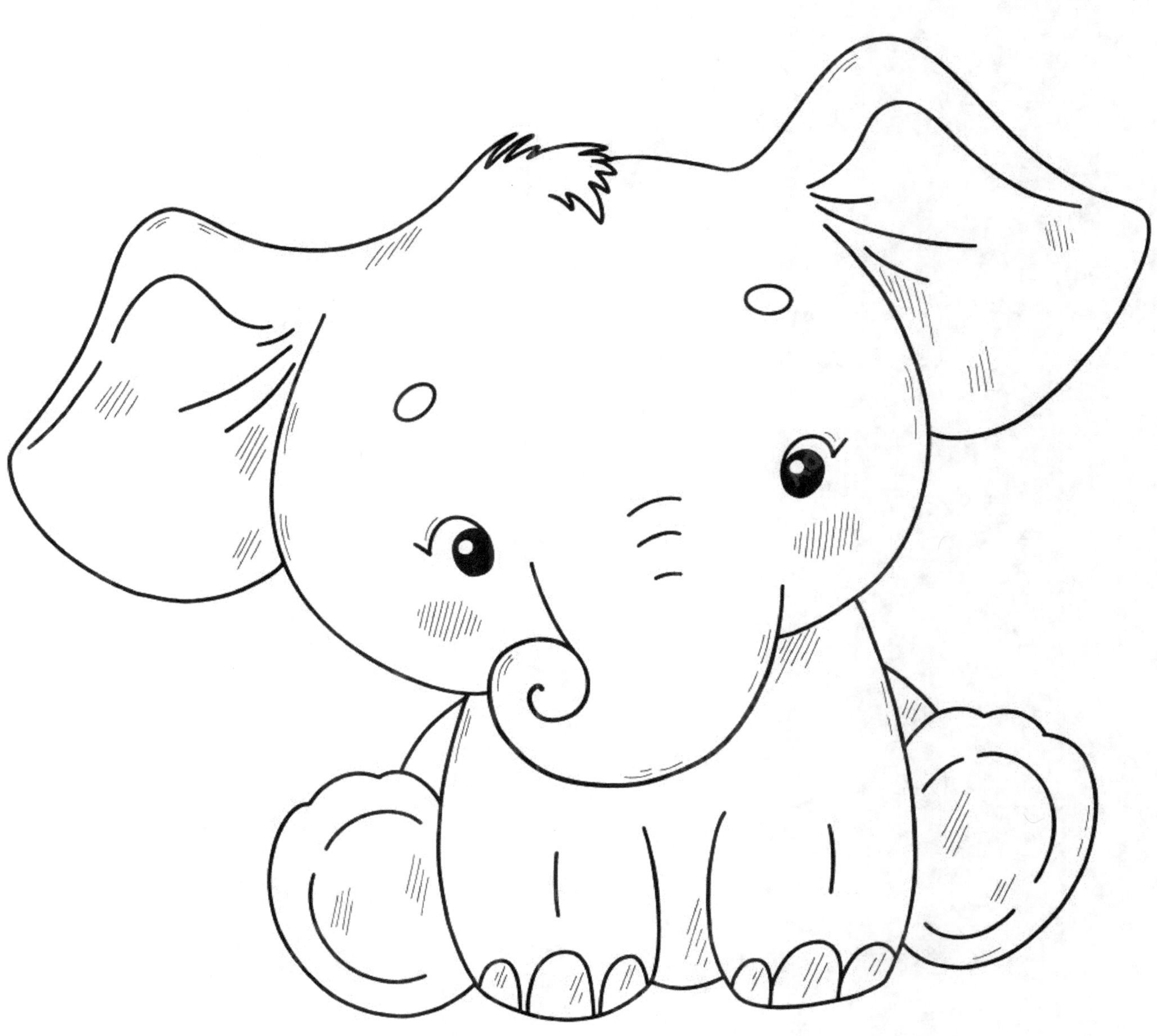

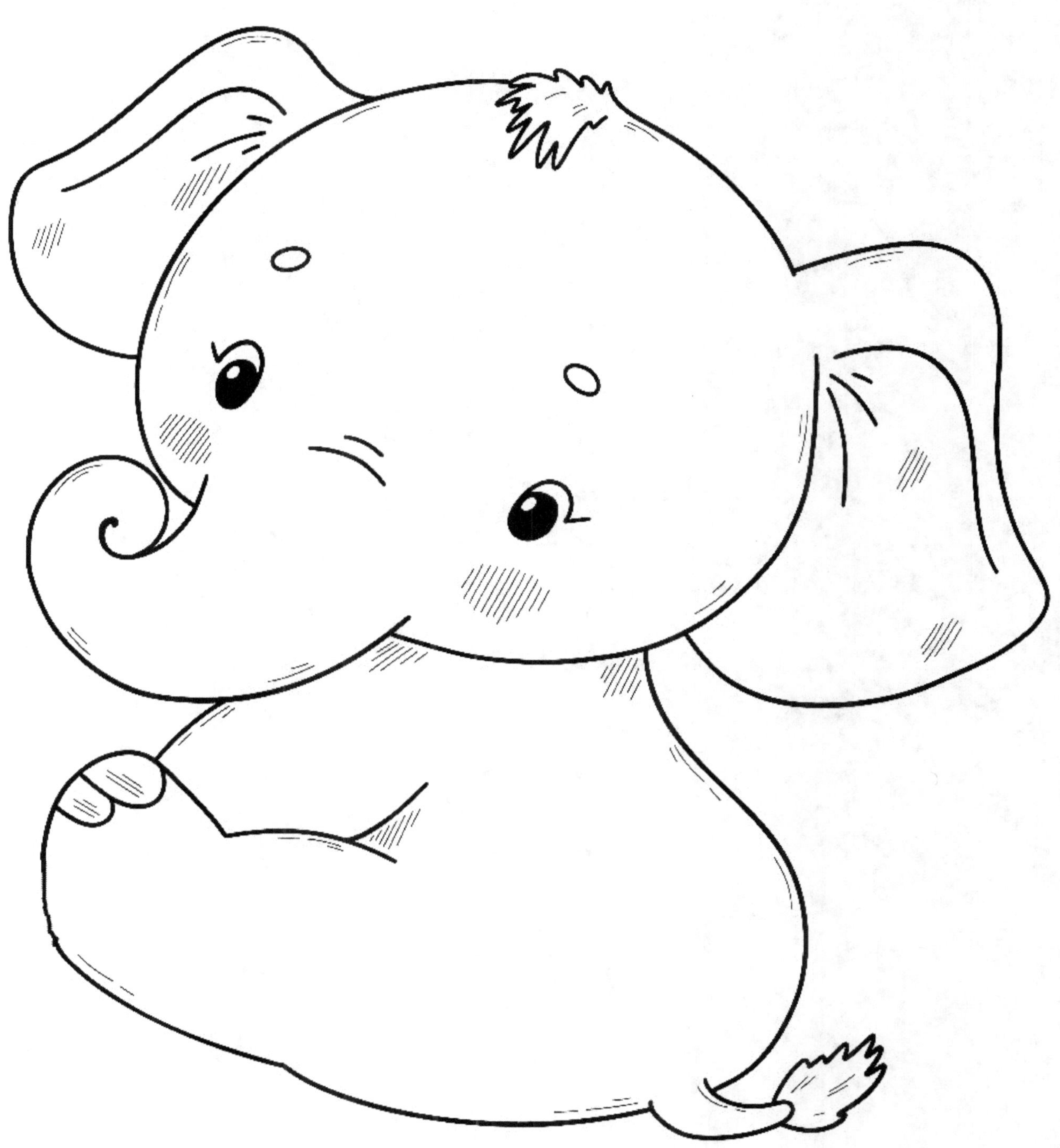

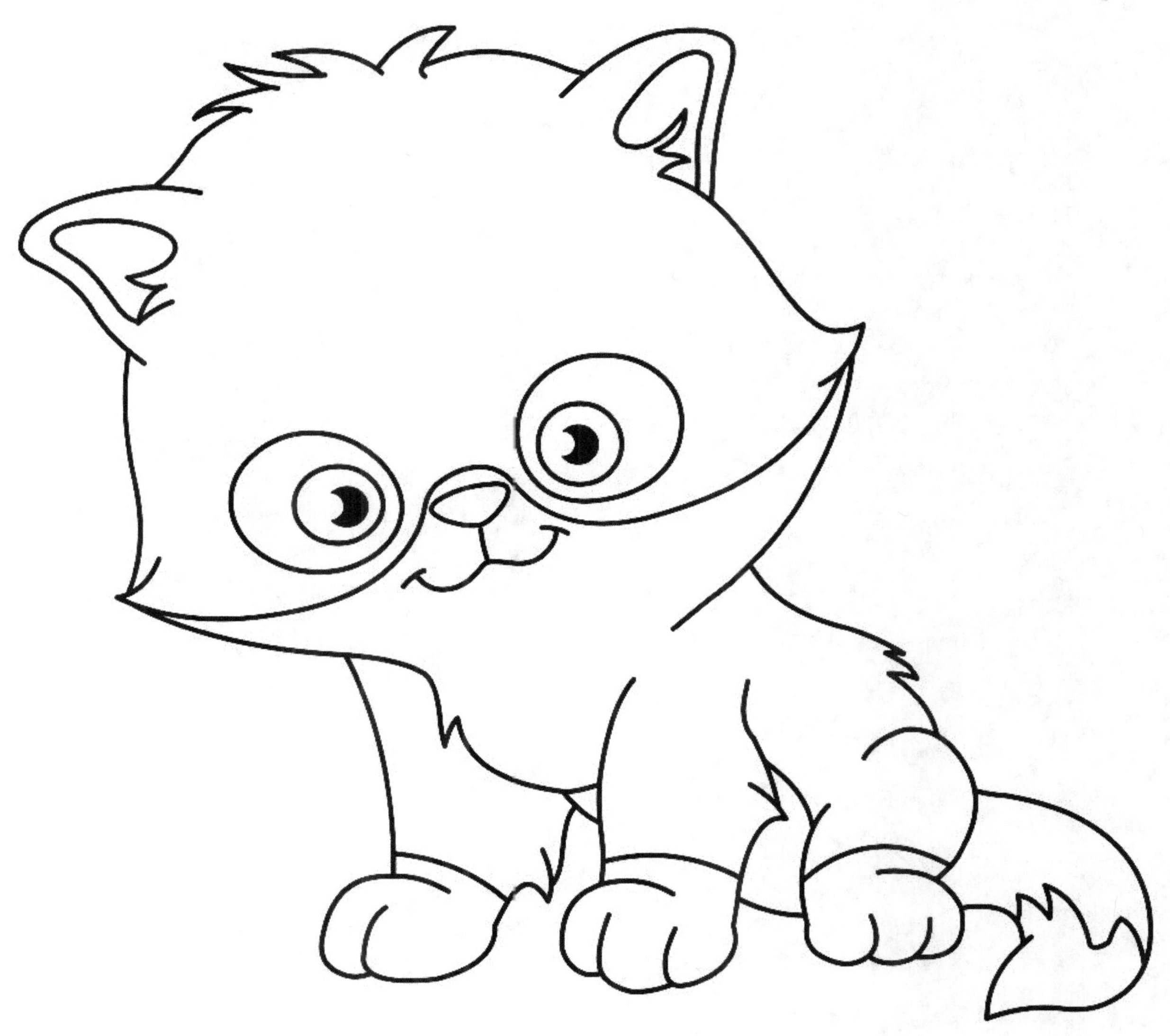

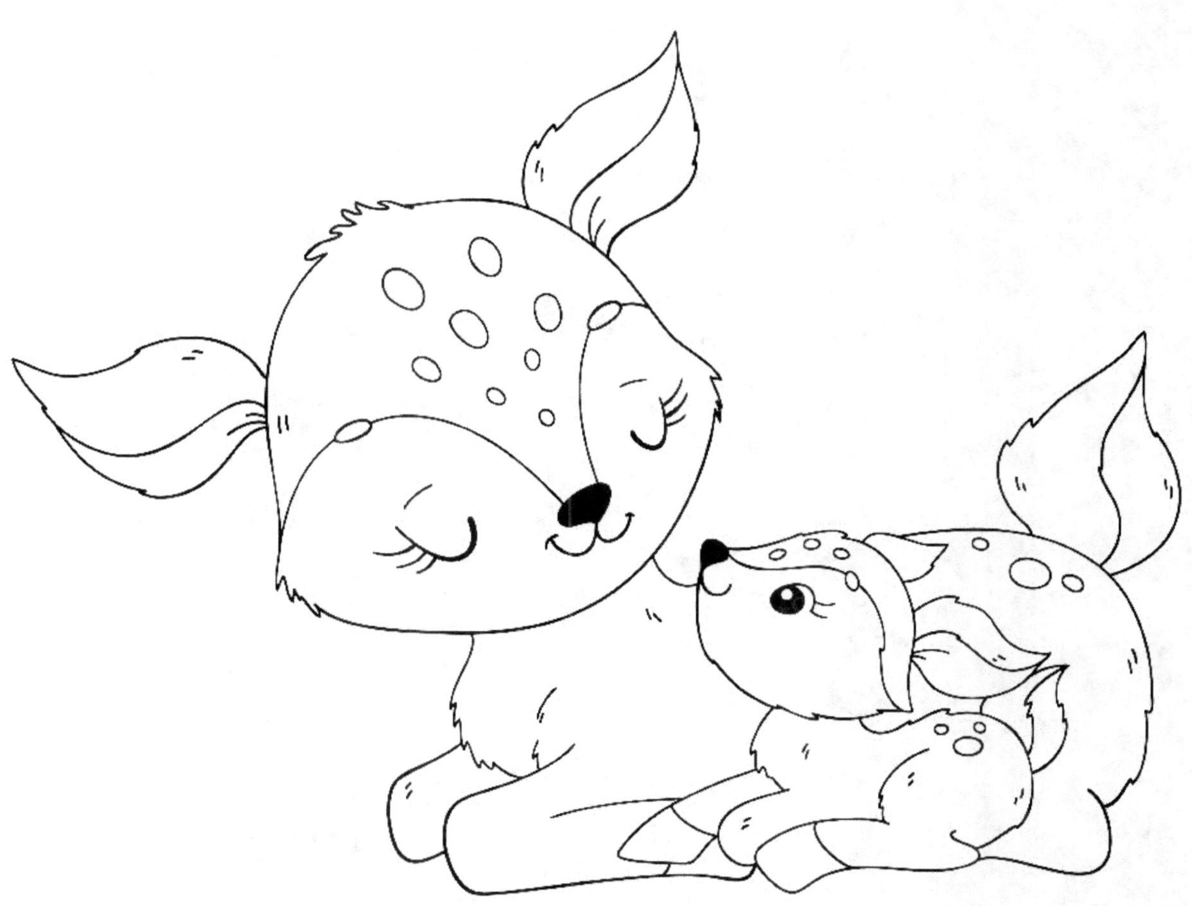

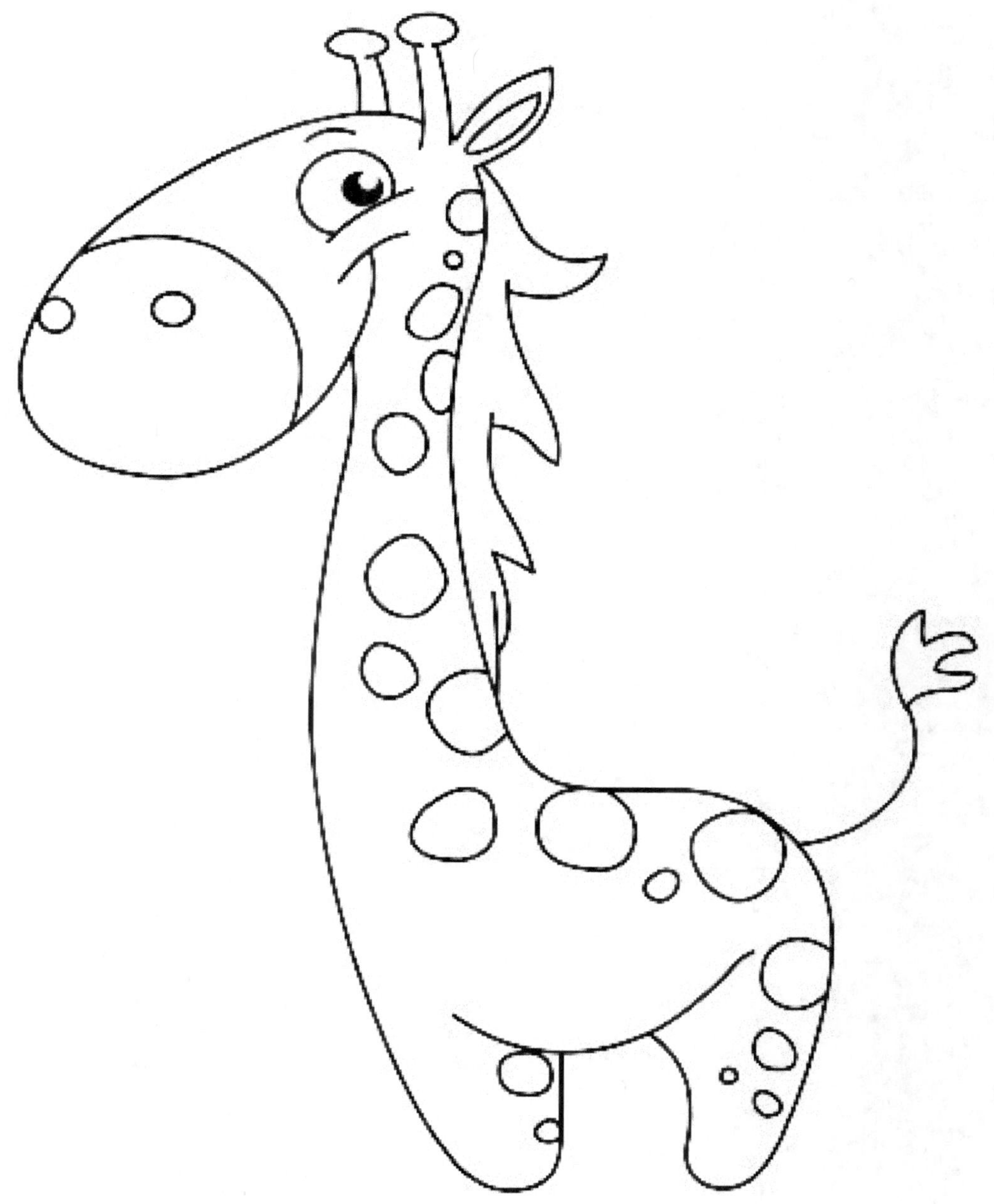

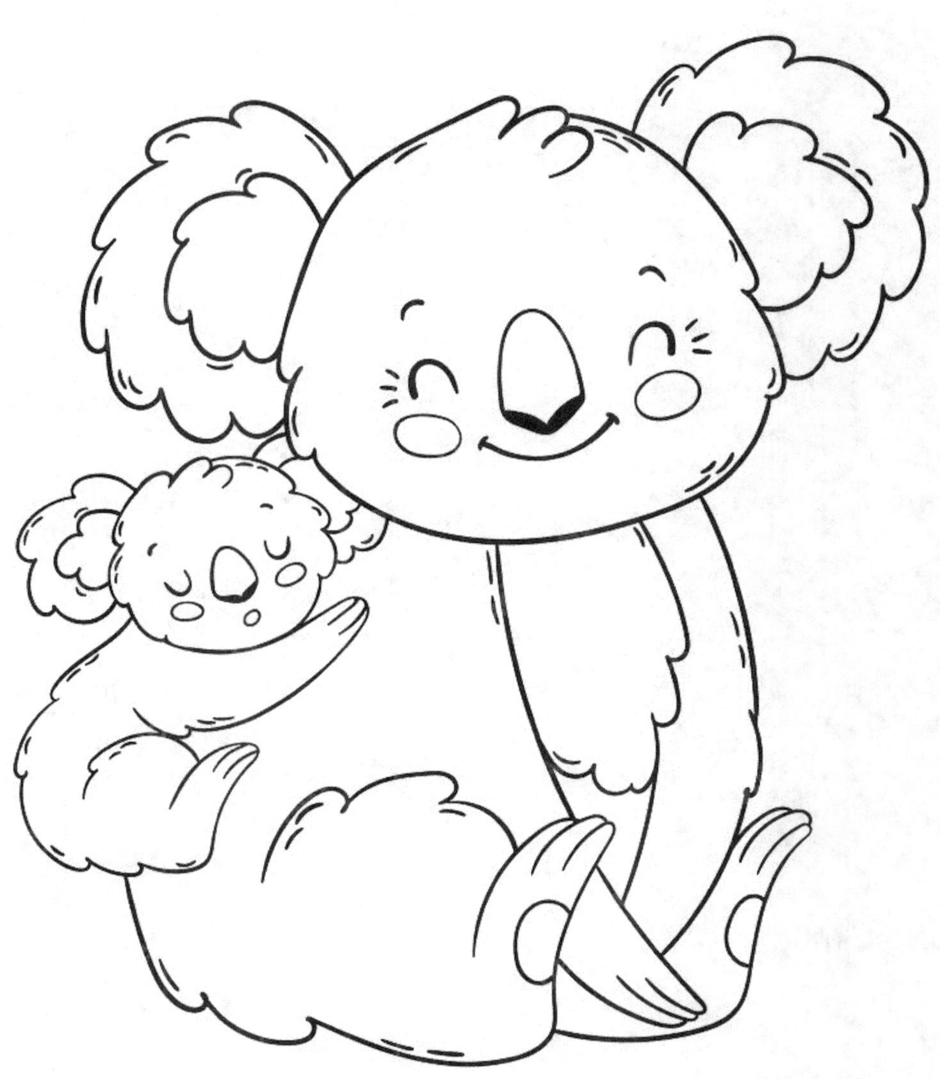

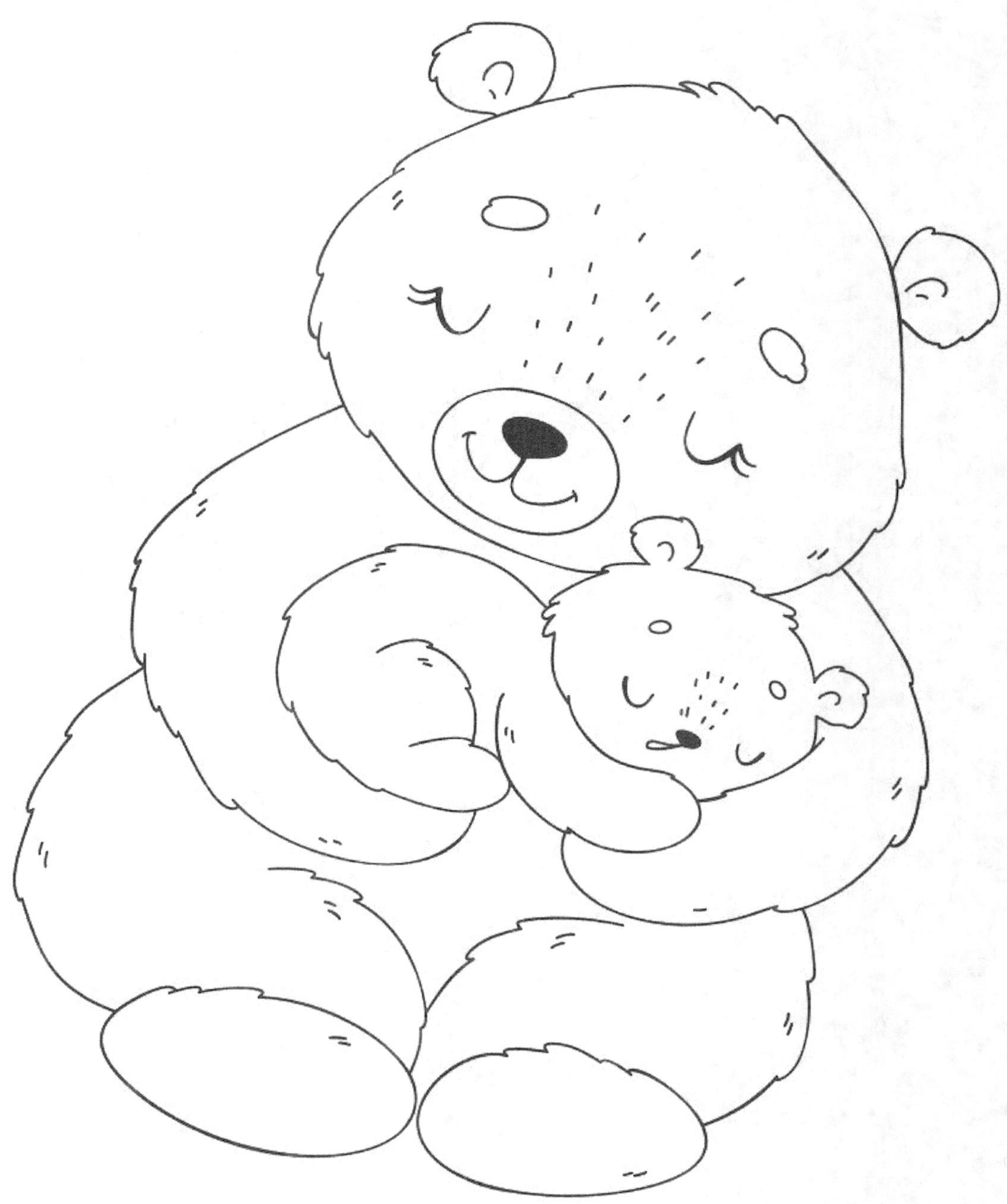

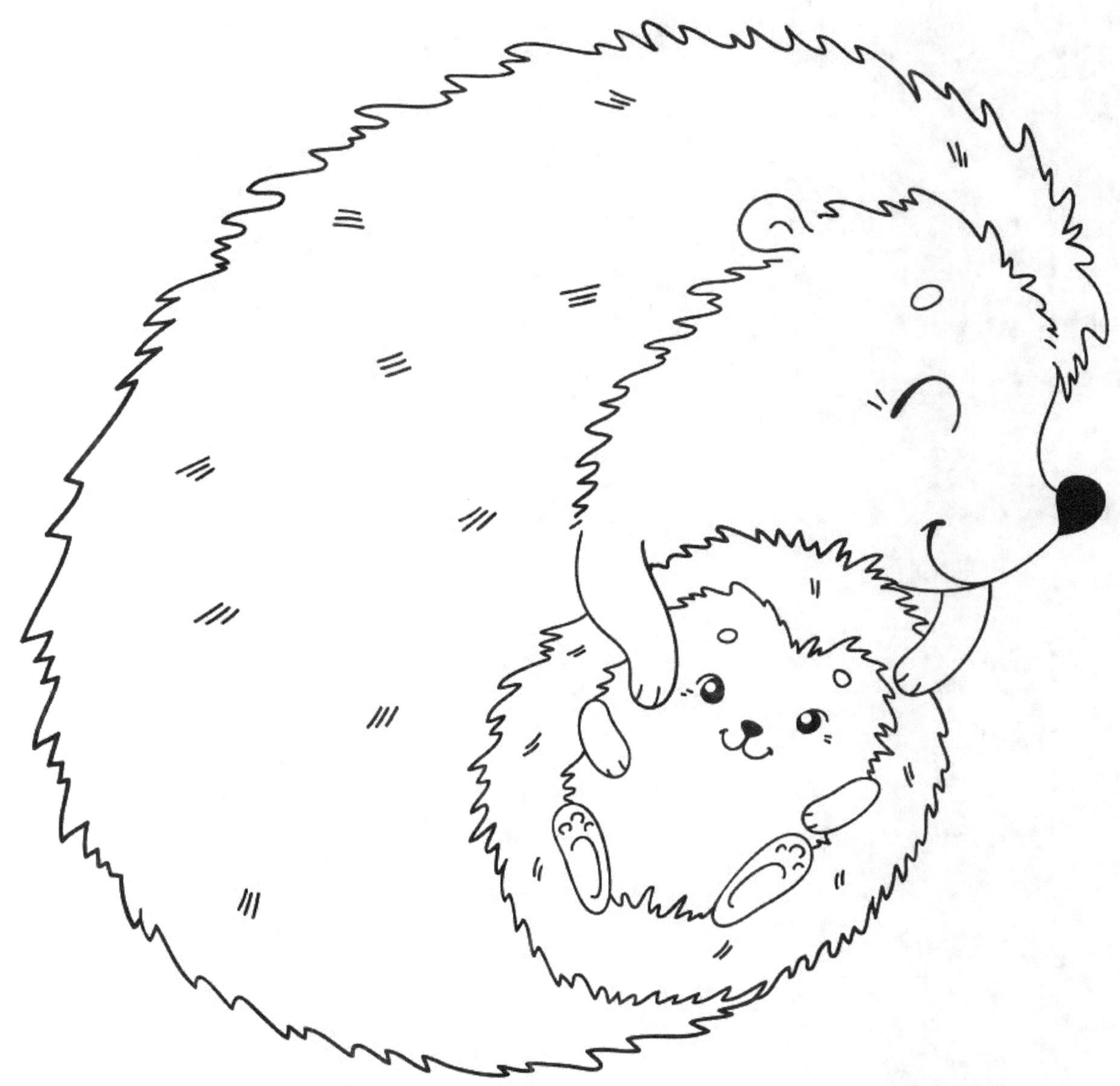

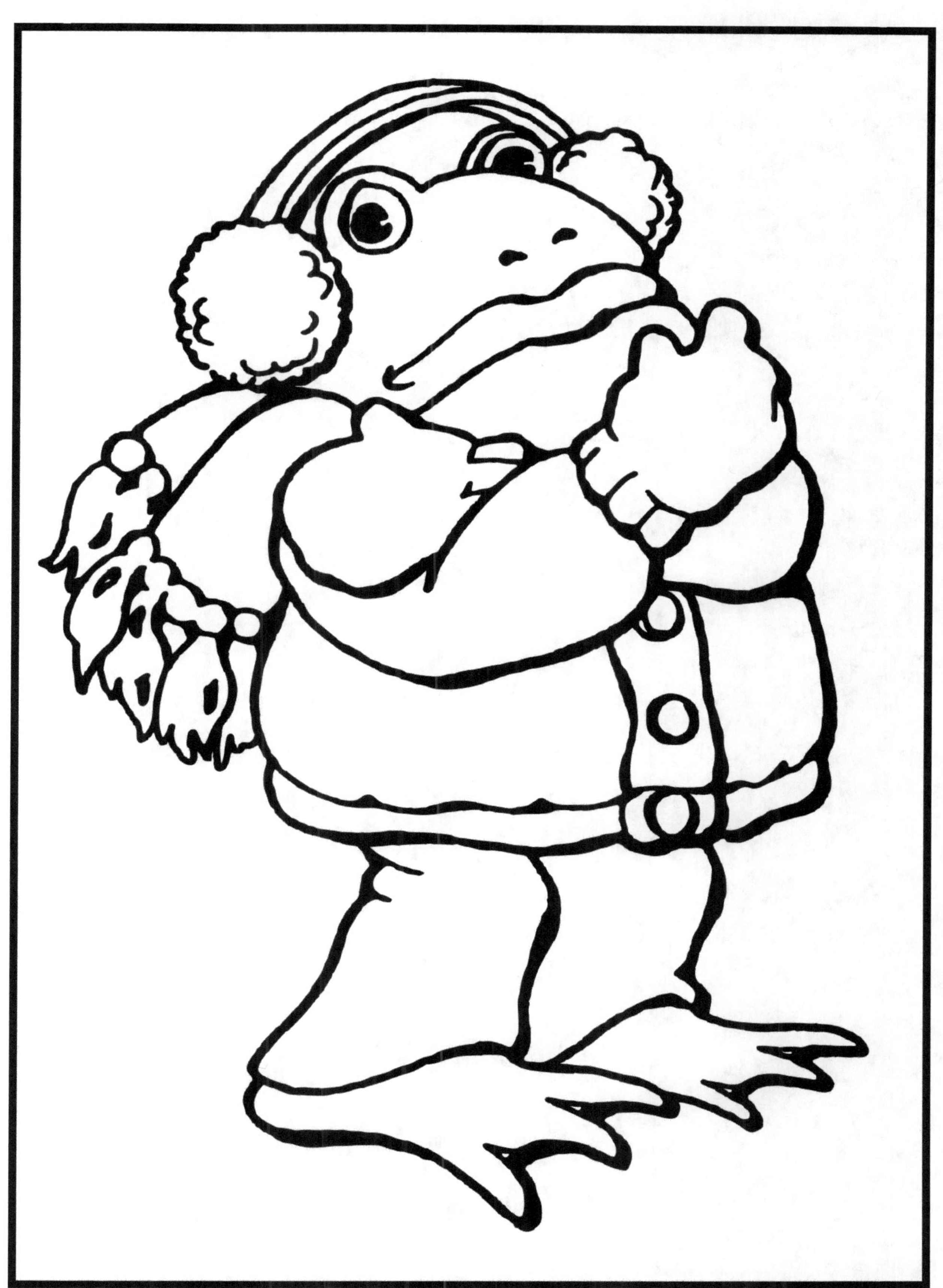

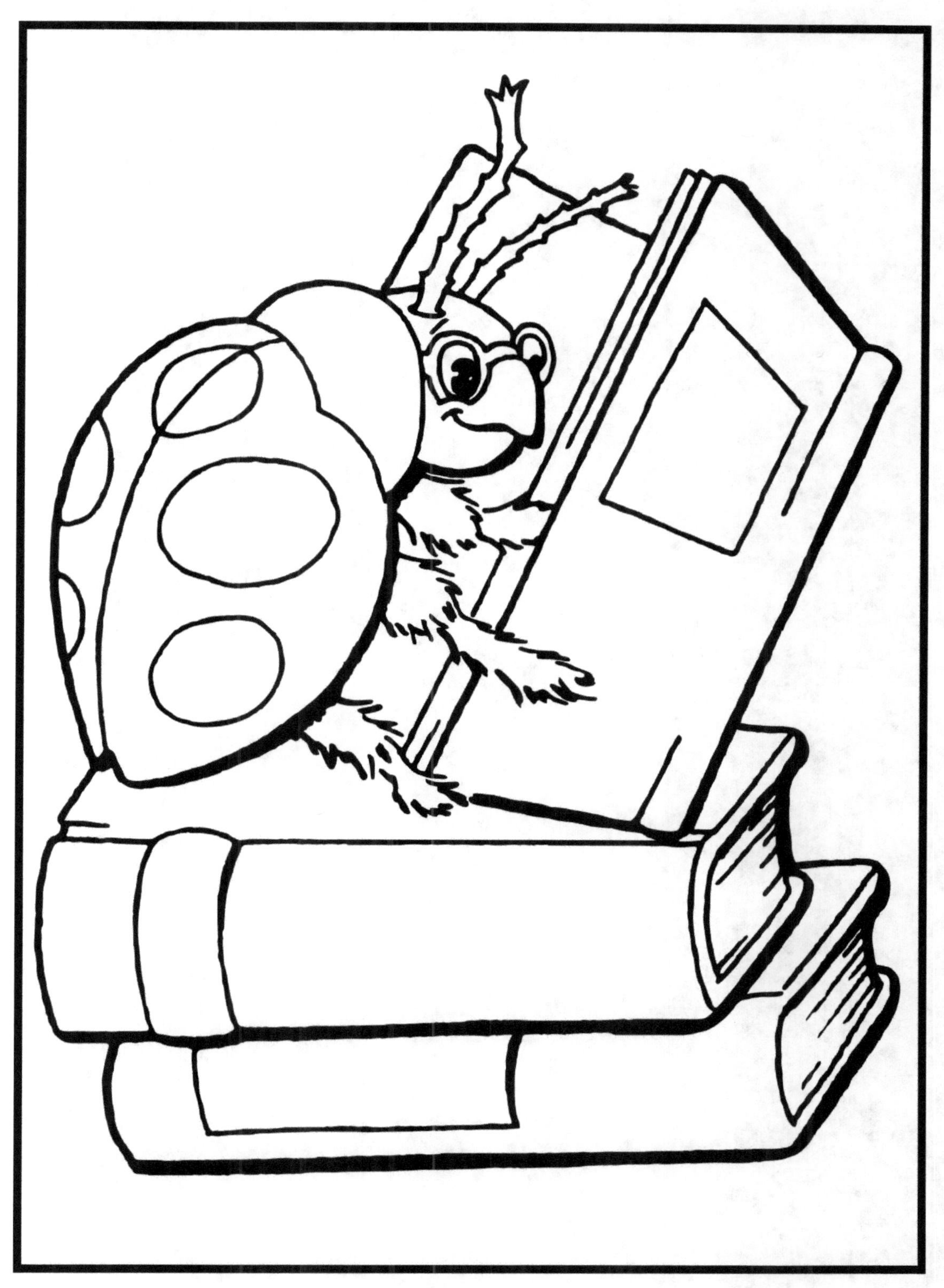

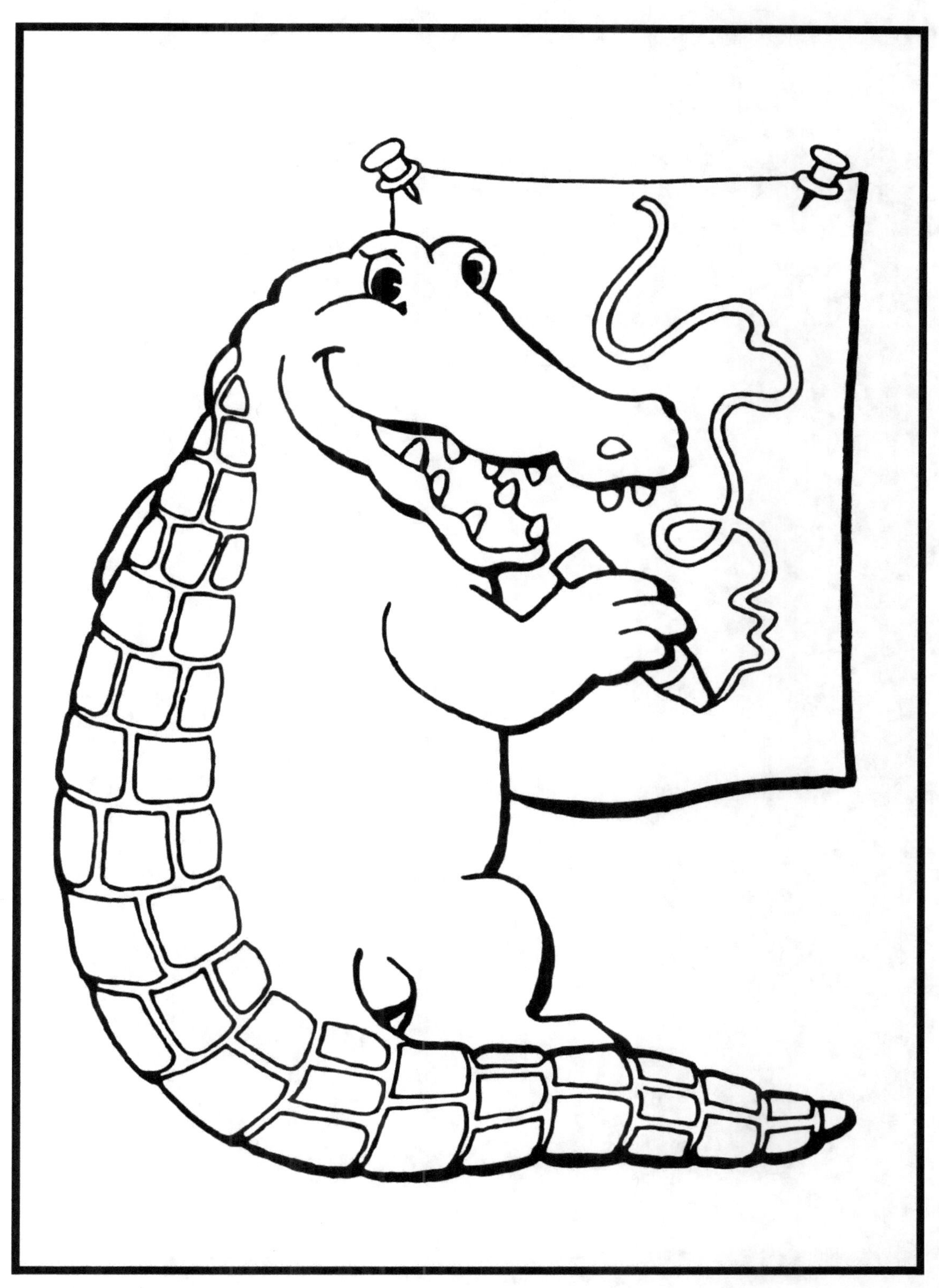

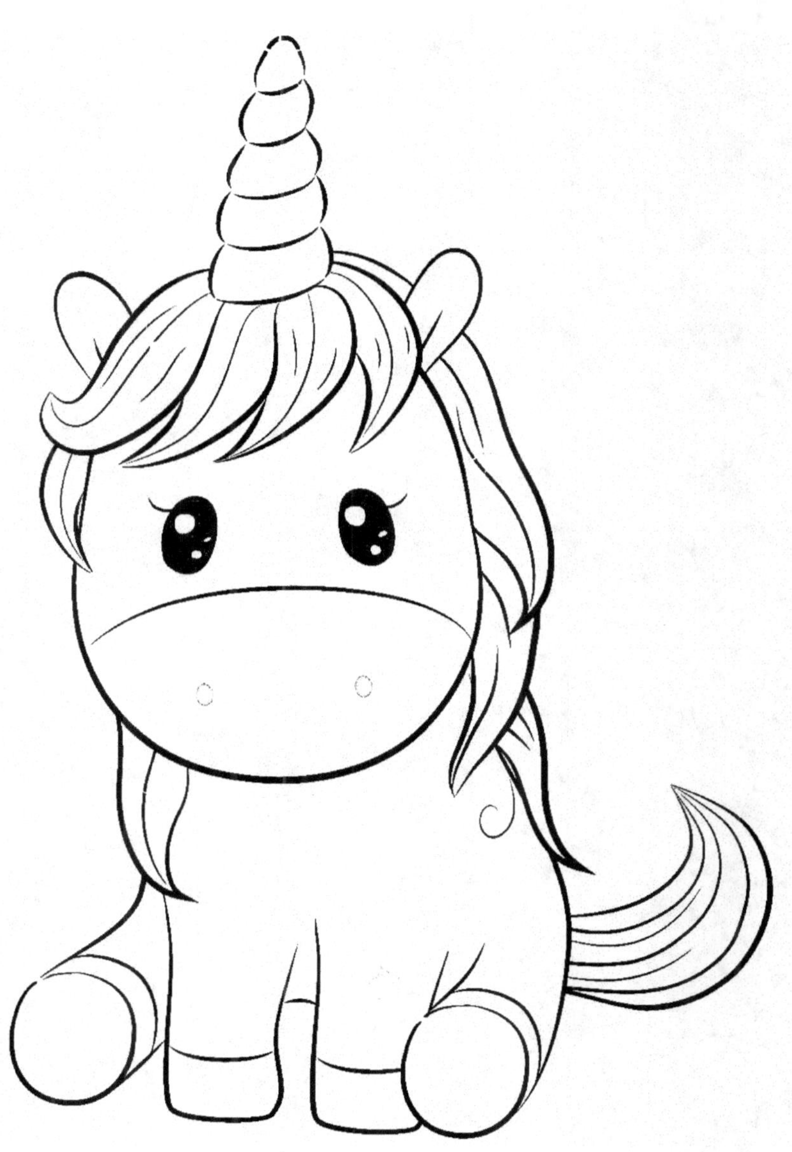

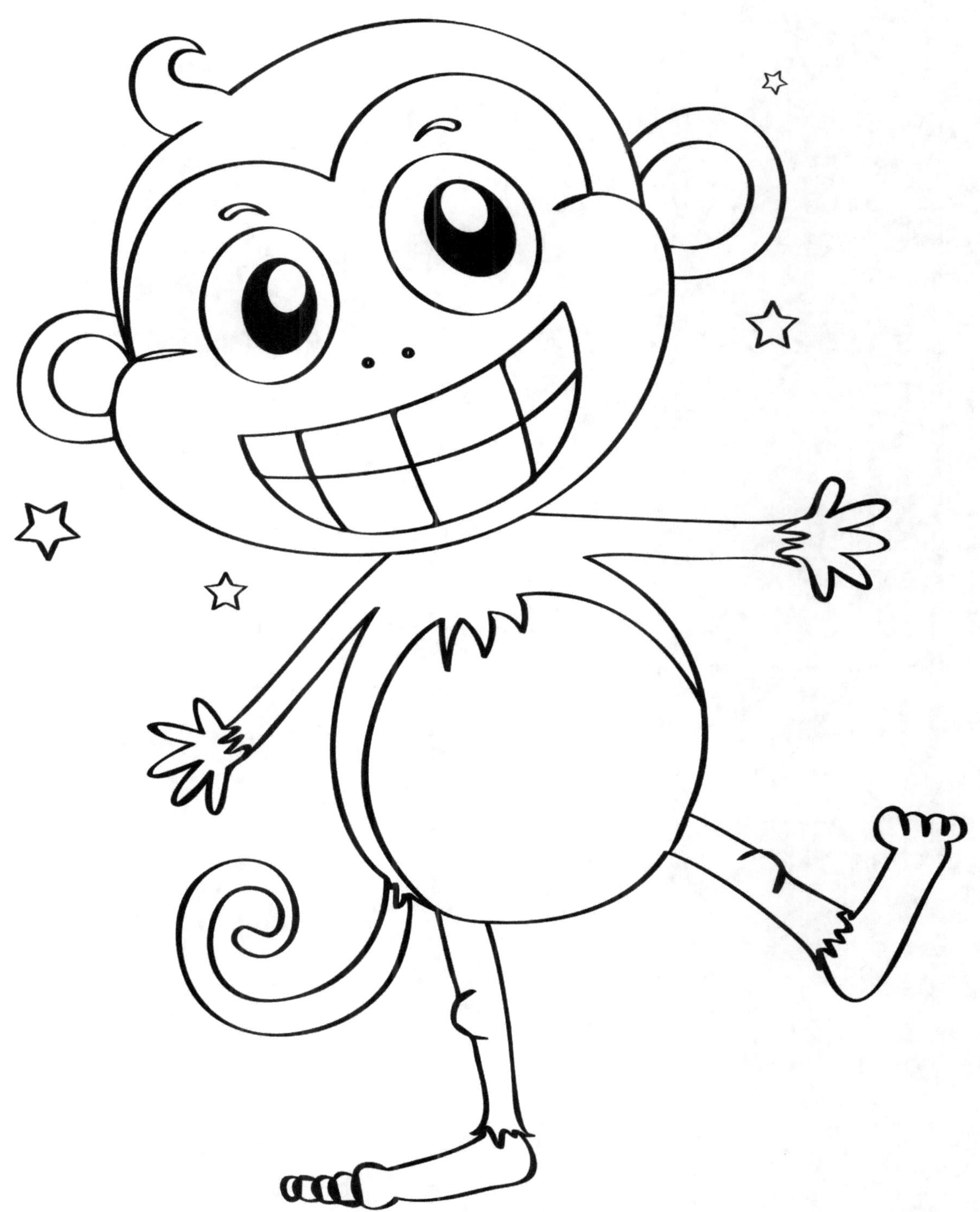

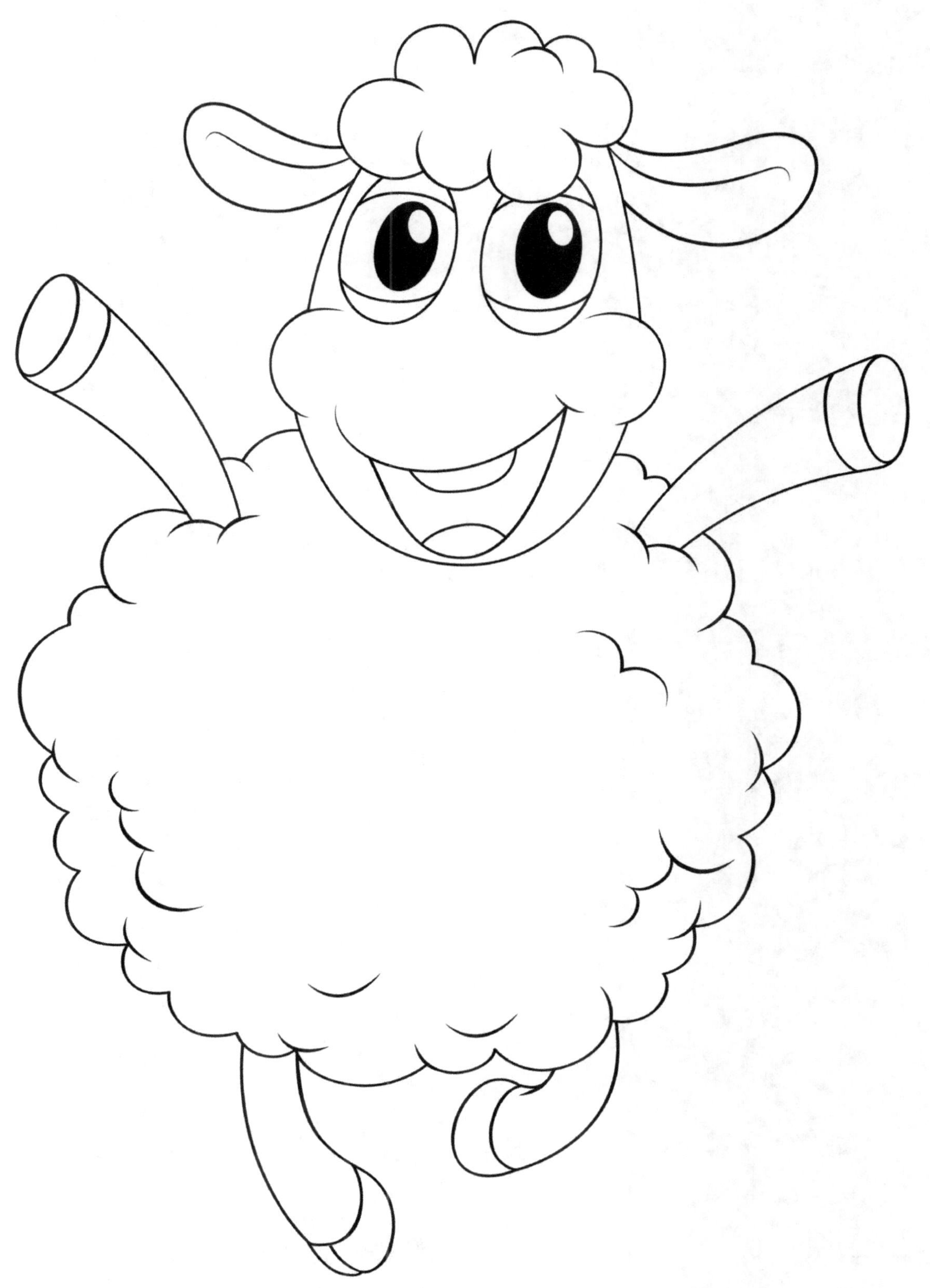

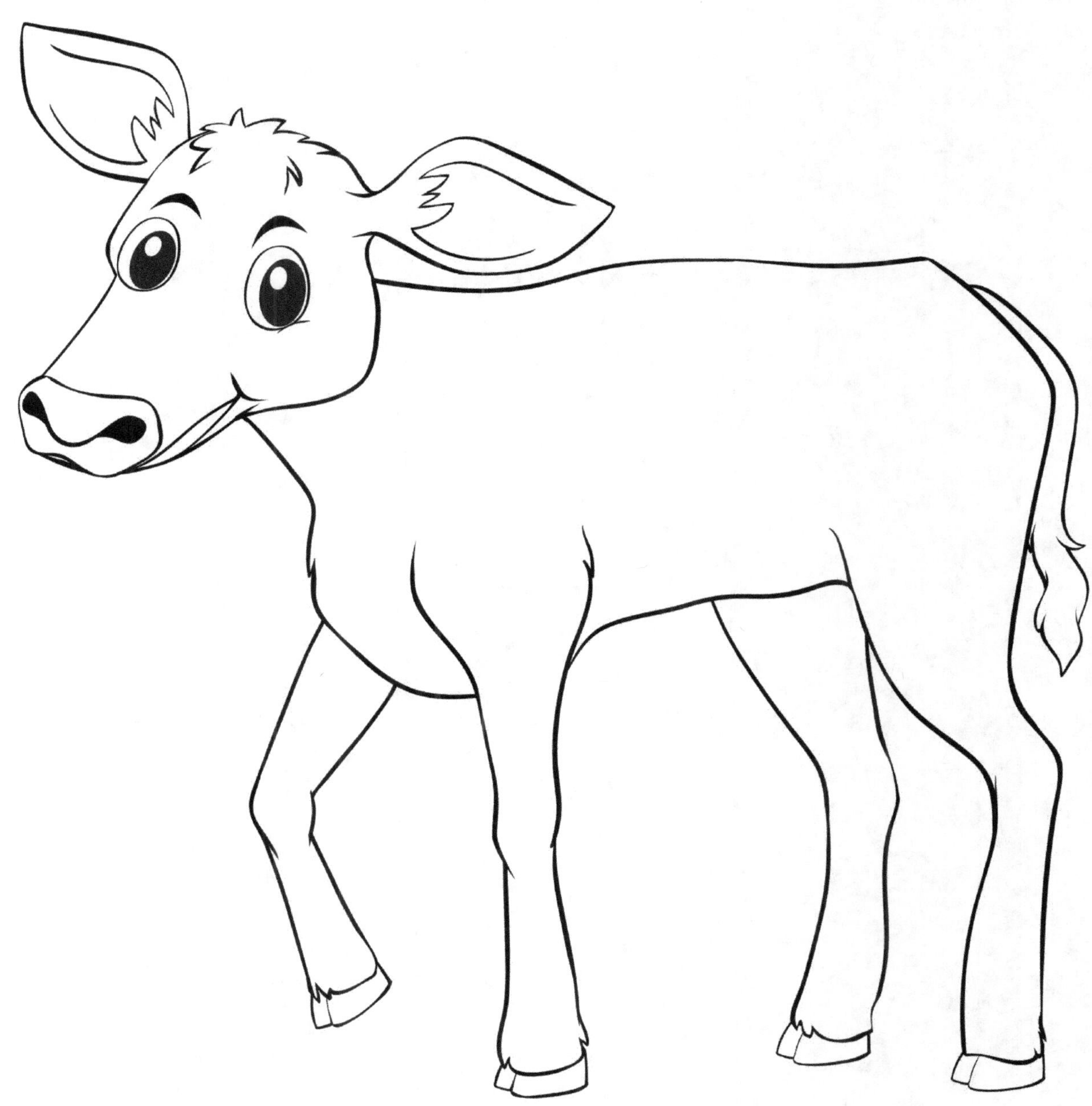

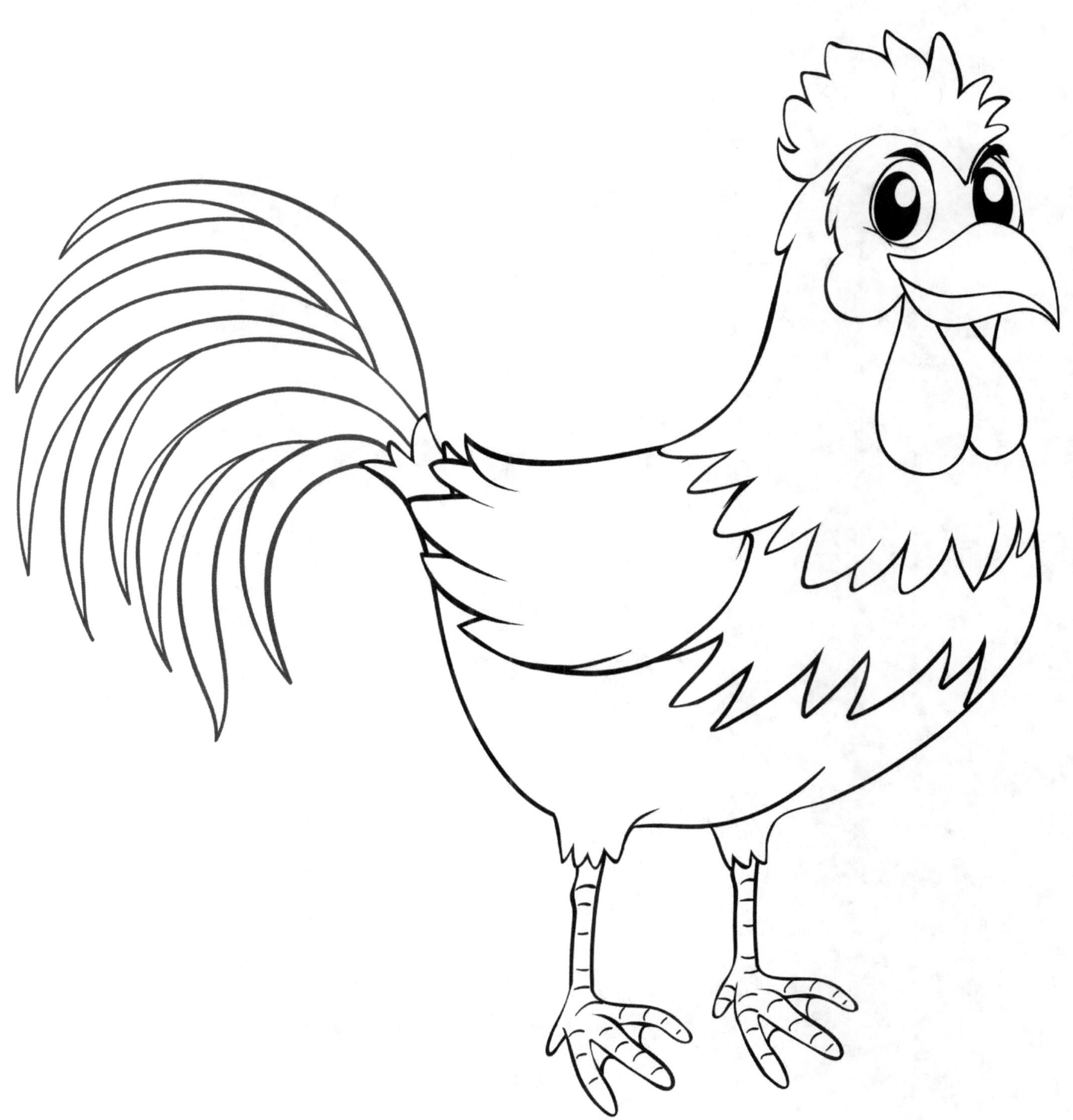

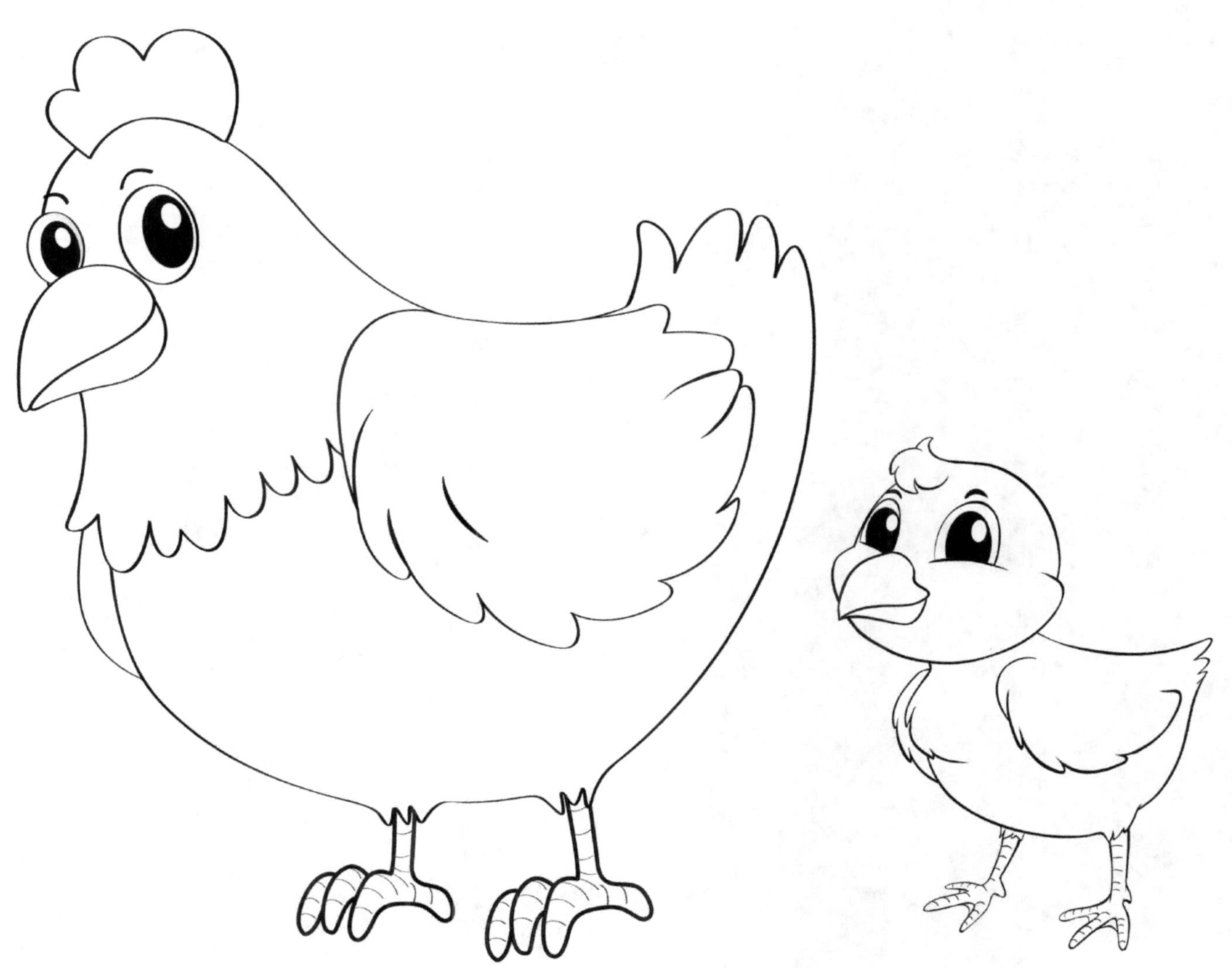

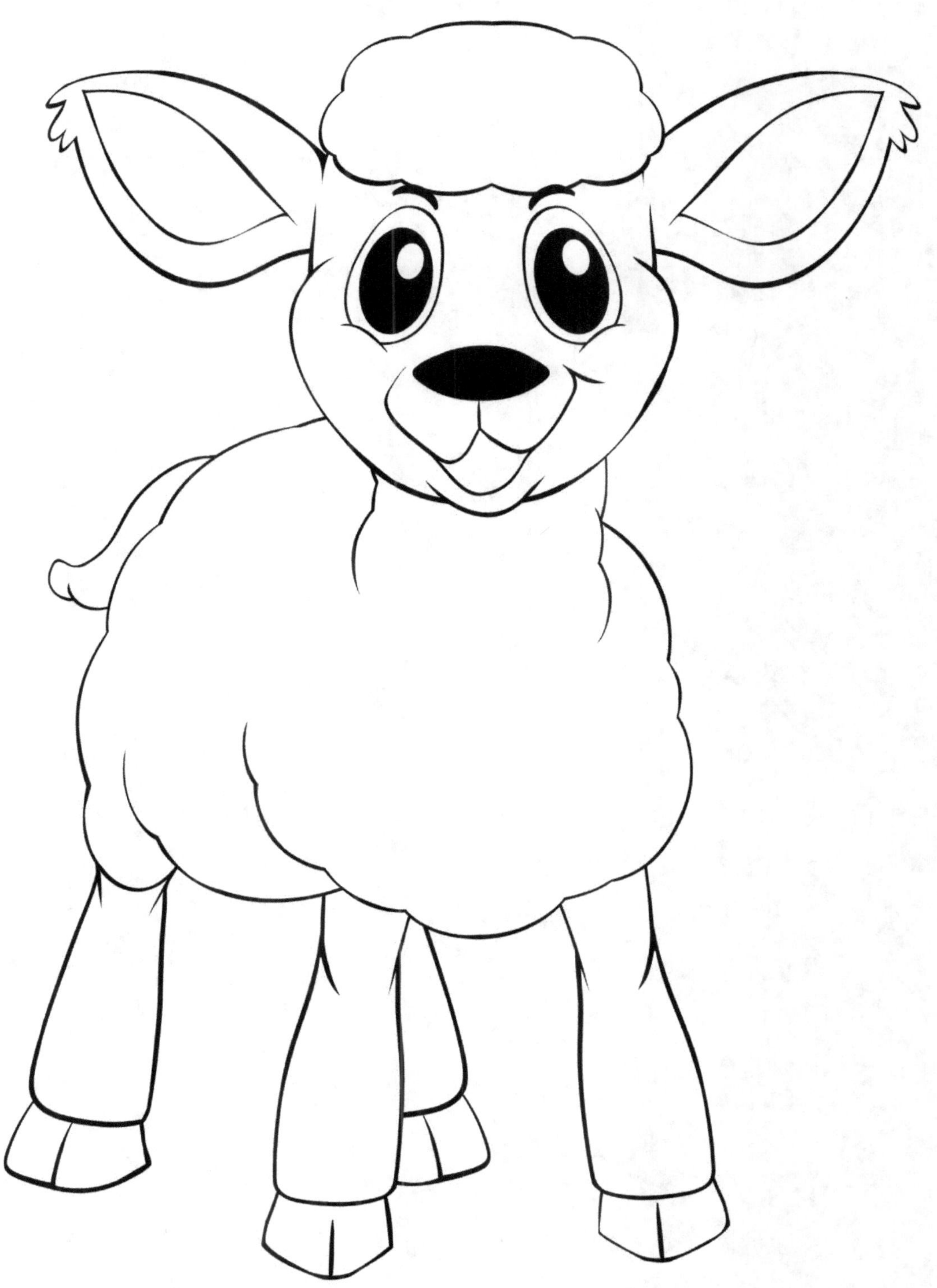

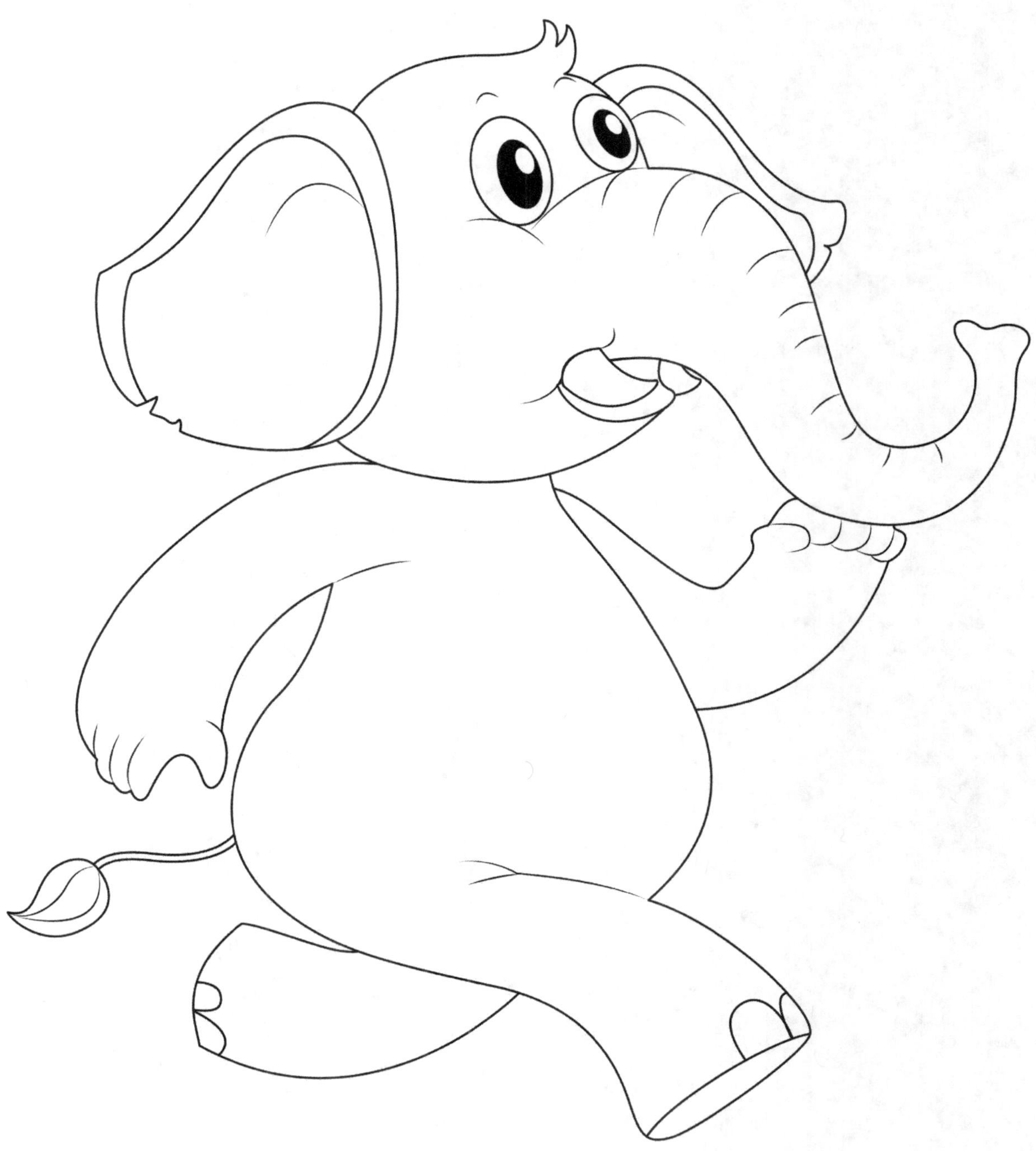

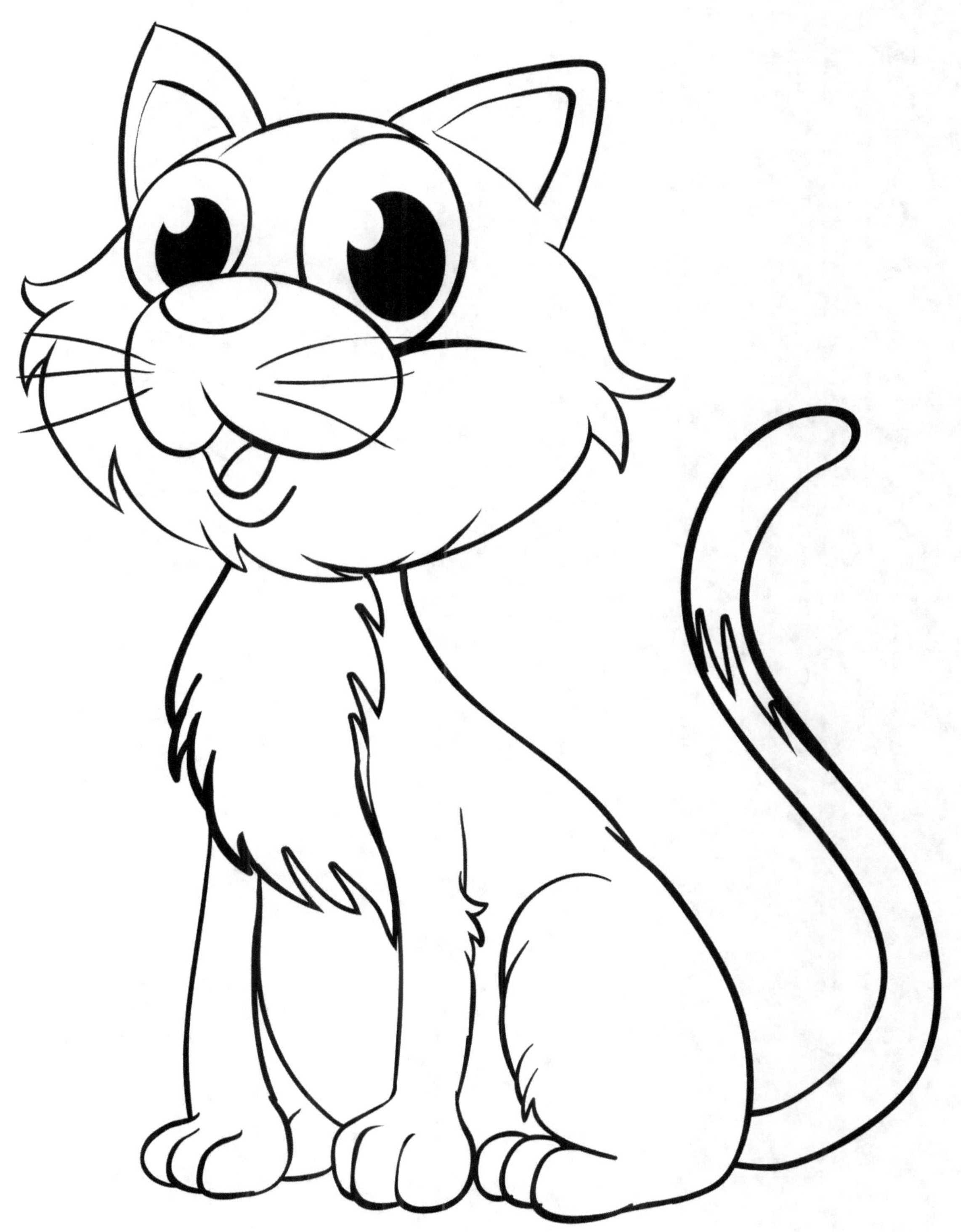

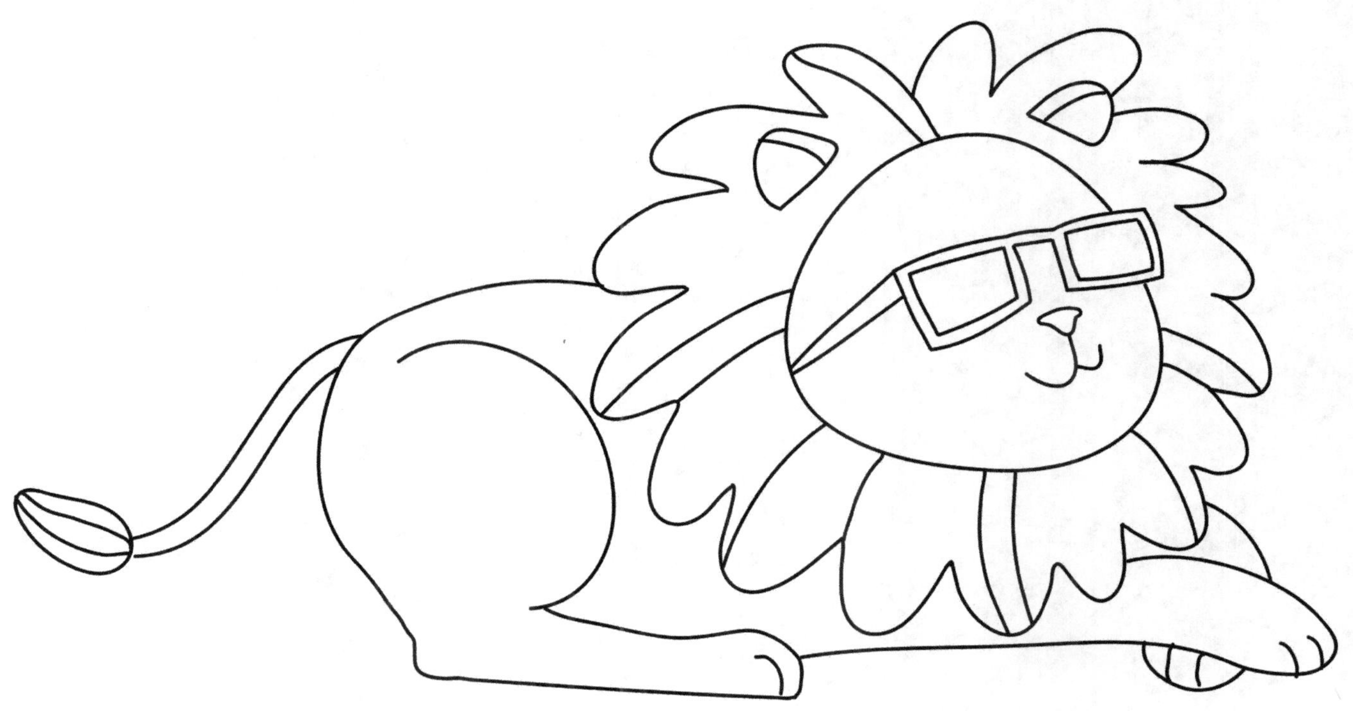

www.ingramcontent.com/pod-product-compliance
Lightning Source LLC
LaVergne TN
LVHW080816170826
845678LV00011B/2032

* 9 7 9 8 4 1 0 5 4 9 5 0 9 *